Märchenfamilie

Märchenfamilie

Sei die Möglichkeiten
über deine
Vergangenheit hinaus

Susanna Mittermaier

ACCESS CONSCIOUSNESS PUBLISHING

Veröffentlicht von Access Consciousness Publishing, LLC

Inhaltsverzeichnis

Vorwort und Danksagung

Wünschst du dir nicht manchmal, deine Kindheit wäre ein Märchen mit einem Happy End? Versuchst du immer noch, den Alptraum zu verwinden, der sie war? Oder ist es an der Zeit, die Möglichkeiten zu begrüßen, die über deine Vergangenheit hinausgehen? Was ist sonst noch für dich möglich?

Wer bist du jenseits der Vertrautheit deines Lebens und deiner Begrenzungen? Wer bist du jenseits deiner Beziehungen?

Die meisten Menschen haben keine Vorstellung davon, wer sie jenseits ihrer Familien sind. Die Familie ist eine Institution in unserer Welt, die das Bedürfnis erzeugt, ständig in einer Beziehung zu sein. Die folgenden Gedanken treiben viele Menschen auf diesem Planeten um:

„Ich muss jemanden finden."

„Ich muss meinen Partner finden."

„Ich muss meine Leute finden."

„Ich kann nicht ohne eine Beziehung leben."

„Ich wäre ein Versager."

„Ich wäre einsam."

„Ich wäre nicht viel wert."

Diese Denkweise bestimmt, wie wir unser Leben leben – gebunden an eine Struktur, in die wir uns selbst hineinzwängen.

Was wäre, wenn dir jenseits von all dem mehr Freiheit zur Verfügung steht?

Die Familie macht solch einen großen Teil unseres Lebens aus. Manche lieben ihre Familie, manche hassen sie, anderen ist sie egal. Welche Erfahrung auch immer du mit deiner Familie hast, was wäre, wenn du eine vollkommen andere Möglichkeit für dich in Betracht ziehen könntest?

Was wäre, wenn du *einfach sein* könntest, anstatt dich *danach zu sehnen zu sein*?

Und was wäre, wenn das Märchen, von dem du meinst, es hätte sich ereignen sollen, das aber nie stattgefunden hat, jetzt durch das Märchen ersetzt werden könnte, das nun möglich ist?

Während ich dieses Buch schreibe, bin ich mir äußerst bewusst, was das Thema „Familie" bei den meisten Menschen hochbringt. In der Regel ist das Begrenzung, Schwierigkeiten und Mühsal anstelle von Leichtigkeit und Möglichkeiten.

Ich habe wirklich Glück mit meinen Eltern. Sie haben immer hinter mir gestanden und mich ermutigt, weiterzugehen und sogar großartiger zu sein als sie selbst. Ihre Liebe und Freundlichkeit gehen über diese Realität hinaus; all die Arten, auf die sie mir und meinem Leben beitragen, sind unglaublich. Meine Dankbarkeit lässt sich nicht in Worte fassen.

Ich konnte ihr Geschenk nicht immer empfangen. Als Teenager und junge Frau war ich damit beschäftigt, meine Unabhängigkeit zu beweisen. Später erkannte ich, dass ich die Ansicht hatte, ich würde *ihnen etwas wegnehmen*, wenn ich das annehmen würde, was sie mir schenkten. Mir wurde klar, dass dies eine Lüge war, die ich abgekauft hatte. Ich fand heraus, dass mein Empfangen ihres unerschöpflichen Schenkens nicht nur ein Geschenk für mich ist, sondern auch für sie.

Möglicherweise denkst du, um ein Buch über die Herausforderungen von Familie zu schreiben, muss man Schwierigkeiten und Mühsal durchgemacht haben, die später überwunden wurden.

Was wäre, wenn du keinerlei Schwierigkeiten erfahren musst, um eine Inspiration für die Welt zu sein?

Was wäre, wenn deine Leichtigkeit und deine Freude eine noch größere Einladung ist als deine Schwierigkeiten?

Meine Eltern haben mir beigebracht, dass ich nicht alleine bin und sie immer für mich da sind. Doch auch ich habe mich eine Weile vor der Welt versteckt und weiß, welche Begrenzungen das schafft. Ich kenne den Raum der Möglichkeiten, der uns allen offensteht, wenn wir ihn wählen. Einsamkeit ist eine Lüge, die die Menschen abkaufen. Das Universum ist für mich und alle anderen da, wenn wir bereit sind, dies zu empfangen.

Was wäre, wenn du für dich die Familie bist, die du dir immer gewünscht hast, egal, wie deine Vergangenheit war?

Es ist an der Zeit, damit aufzuhören, nach etwas zu suchen, wo du dazugehörst – nach deinen Leuten, deiner Gruppe, deinem Mann, deiner Frau – und damit zu beginnen, die Leichtigkeit und den Frieden davon zu empfangen, das Geschenk zu sein, das du für die Welt bist.

Dieses Buch wird dich dazu herausfordern, Zugang zu dem zu erlangen, wer du wirklich bist. Dieses Buch ist dazu da, dich davon abzubringen, dich und diese Realität ernst und bedeutungsvoll zu machen. Dein Leben zu kreieren ist so viel leichter, wenn du die Ernsthaftigkeit und Bedeutsamkeit hinter dir lässt, aus der die meisten Menschen funktionieren, und deinen Humor einschaltest und dich selbst auf „Leben" schaltest.

EINS

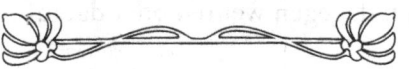

Es war einmal . . .

Ich erinnere mich, wie wir einmal bei einem unserer Familienessen am Abendbrottisch saßen und ich meinen Opa beobachtete, wie er die Suppe schlürfte. Meine Tante und mein Onkel schlossen sich an und der Rest der Familie äußerte laut ihre Ansichten über Gott und die Welt. Keiner hörte dem anderen zu; alle sprachen gleichzeitig.

Wie nannten das die MIBUBÜ – Mittermaiers Bunte Bühne. Ich lernte, meine Familie und all ihre Eigenarten zu genießen. Später dann entschloss ich mich, Psychologin zu werden, und witzelte, dass ich schon als Kind wusste, dass ich entweder verrückt werden oder die Verrückten mit meiner Arbeit unterhalten werde. Ich frage mich, wie viel mehr Veränderung wir kreieren könnten, wenn wir das Verrückte genießen würden, anstatt darunter zu leiden?

Schon seit Jahren hat es mich dazu getrieben, dieses Buch zu schreiben. Über seine Familie zu schreiben, erfordert eine große Portion Verletzlichkeit. Und Verletzlichkeit ist einer der größten Schlüssel zu Veränderung. Ich habe mich auch eine Weile vor der Welt versteckt und weiß, welche Begrenzungen das schafft. Ich

weiß, dass, wenn ich wirklich eine Veränderung in der Welt bewirken möchte, Verletzlichkeit ein großer Teil davon ist – anderen
zu erlauben, mich zu bewerten, wie sie möchten, und keine Ansicht
dazu zu haben, also weder dem zustimmen und mich danach ausrichten, noch mich dagegen wehren oder darauf reagieren.

**Bist du bereit, gesehen und gehört zu werden, wie du bist?
Oder zwingst du dich dazu, die bittersüße Bequemlichkeit
davon zu genießen, dich vor der Welt zu verstecken?
Was wäre, wenn du die Welt einließest?**

Ich werde dir in diesem Buch immer wieder Fragen stellen – eine
Menge. Fragen öffnen die Tür zu großartigeren Möglichkeiten, aber
es ist nicht das Ziel, jede Frage zu beantworten. Jede Antwort ist
eine Definition dessen, was du bereits weißt und erlaubt dir nicht,
über die Begrenzungen hinauszugehen, von denen du beschlossen
hast, sie seien real.

Was wäre, wenn du zulassen würdest, dass dieses Buch ein Beitrag für dein Leben ist und dir hilft, das zu verändern, was du dir
schon immer gewünscht hast zu verändern?

Ich werde dir nicht einfach Geschichten erzählen, um dich zu
unterhalten. Ich wünsche mir mehr. Ich lade dich zu mehr ein, als
du bisher bereit gewesen bist zu sein. Wirst du das empfangen? Bist
du bereit, mehr zu sein, als du bisher bereit gewesen bist zu sein?
Wirst du dich empfangen?

Bücher sind Entitäten und habe eine eigene Lebensform,
genauso wie Gärten, Gedichte, Lieder, Häuser und Businesse. Sie
alle wissen, was sie werden möchten und wozu sie die Welt gerne
einladen würden. Wenn du keine Ansicht darüber hast, was die
Lebensformen, die du kreierst, sein oder werden sollten, hast du die
Möglichkeit, ihnen zu erlauben, großartiger zu sein, als du dir je
hast vorstellen können.

**Was wäre, wenn du darüber hinwegkommst, ein
bestimmtes Ergebnis in deinem Leben zu erwarten?**

Wie hast du beschlossen, dass dein Leben aussehen sollte?

**Was hast du als erfolgreich bewertet und
was bedeutet Misserfolg für dich?**

**Und was wäre, wenn all dies nur interessante
Ansichten wären, in die du viel Arbeit investiert
hast, um sie für dich real zu machen?**

Je weniger Ansichten du dir erlaubst zu haben, umso mehr von deiner Großartigkeit wirst du in der Lage sein zu empfangen.

Willkommen dazu, herauszufinden, wer du bist – über das hinaus, was du beschlossen hast zu sein.

ZWEI

Don't Go Above Your Raisin'
(Geh nicht über deine Herkunft hinaus)

Bist du mehr als die Gesamtsumme deiner Geschichte?

Als Psychologin und Therapeutin habe ich im Laufe meines Berufslebens unzählige Lebensgeschichten gehört. Bei den meisten Menschen sind diese Geschichten dazu ausgelegt, davon abzulenken, wer derjenige wirklich ist und wozu er tatsächlich in der Lage ist.

Die Menschen lieben es, ihre Geschichten und ihre Vergangenheit dazu zu verwenden zu bestimmen, wer sie sind, und um zu bewerten, was für sie nicht möglich sein wird.

Menschen, die zum Beispiel einen Hintergrund ohne Geld haben, verwenden häufig ihre Vertrautheit mit mangelnden Ressourcen, um ihr Leben zu kreieren. Kein Geld zu haben, wird zum Referenzpunkt, von dem aus sie kreieren. Darüber hinaus zu kreieren – oder wie amerikanische Südstaatler sagen würden: „going above your raisin'" (Anm. d. Übers.: „going bzw. getting above one's raising" bedeutet, die soziale Schicht zu wechseln, also über das hinauszugehen, was man in seiner Herkunftsfamilie kennengelernt und anerzogen bekommen hat) – ist zu unbequem. Sie müssten die Komfortzone des Bekannten verlassen.

Als ich sechzehn war, reiste ich von Österreich nach Houston, Texas, um dort sechs Monate lang zur Highschool zu gehen. Meine Eltern konnten mich nicht aufhalten. Ich verbrachte Monat um Monat damit, sie davon zu überzeugen, wie toll das wäre. Schließlich stimmten sie zu und ließen ihr kleines Mädchen gehen. Erst später erfuhr ich, wie viel Mut sie das kostete – ihre sechzehnjährige Tochter auf einen anderen Kontinent reisen zu lassen, ohne zu wissen, wo sie wohnen würde oder wie die Schule sein würde, und darauf zu vertrauen, dass alles gut gehen würde. Und das tat es! Dieser Sprung erlaubte mir mehr als je zuvor, Zugang zu dem zu bekommen, wer ich war.

In Houston brauchte ich eine Weile, bevor ich verstand, was dieser Ausdruck mit der „raisin'" bedeutet (Anm. d. Übers.: nach Art der Südstaatler wird das „g" am Ende des Wortes verschluckt, was das Wort dann wie „raisin", also „Rosine" klingen lässt). Ich dachte, sie meinten eine getrocknete Weintraube und war mir sicher, sie meinten die in einem Muffin, und dass man nicht *da*rüber hinaus gehen sollte, was mir lustige Bilder in den Kopf zauberte. Ich habe einen seltsamen Humor. Dann verstand ich, dass sie meinten, man solle nicht besser, reicher oder erfolgreicher sein als die Menschen, die dich großgezogen haben. Die ganze Wendung „don't go above your raisin'" bedeutet: „Sei nicht erfolgreicher als die Menschen, die dich großgezogen haben." Auf diese Weise begrenzen Menschen sich selbst. Um immer noch zu ihrer Familie gehören zu können, haben sie das Gefühl, kein Recht zu haben, ihr Leben zu verbessern.

Bist du bereit, großartiger als deine Familie zu sein?

Nicht viele sind es. Sie erschaffen sich selbst entsprechend der Begrenzungen ihrer Familie, anstatt diese zu übertreffen. So stellen sie sicher, dass sie zu ihrem Stamm gehören.

Bei einem meiner „Pragmatische Psychologie"-Kurse, die ich weltweit gebe, sagte eine Teenagerin, dass auf ihrer Highschool alle versuchten herauszubekommen, wo sie hingehören und wer „ihre Leute" sind. Sie meinte, es verursache so viel Stress zu versuchen, irgendwo dazuzugehören und ständig zu tun, was die anderen täten, um dazuzugehören.

Dazugehören bedeutet, sich danach sehnen zu sein (Anm. d. Übers.: Wortspiel mit dem englischen „belong" – dazugehören und „longing to be" – sich danach sehnen zu sein). Warum *sehnen wir uns* unser ganzes Leben *danach, zu sein*? Wir sind bereits. *Du* bist bereits.

Wenn du zu einer Gruppe oder einer Familie gehörst, die die Einstellung von „don't go above your raisin'" hat, stellst du sicher, niemals die Großartigkeit zu sein, die du bist. Du wirst dich immer weiter den Standards der Gruppe anpassen, die du gewählt hast, in der Hoffnung, akzeptiert zu werden und diese Akzeptanz dann aufrechtzuerhalten. Ich frage mich immer, warum Leute sich mit Akzeptanz zufriedengeben. Bist du jemals irgendwo wirklich akzeptiert worden? Oder bist du, wie so viele von uns, derjenige gewesen, der nie wirklich irgendwo hineinpasst?

Warum sollten wir uns nicht einfach dem stellen, was ist, und anfangen es zu genießen?

Als ich jünger war, versuchte ich jahrelang alles, um normal zu erscheinen. Das hat nie lange angedauert. Was mich immer wieder durcheinander brachte, war der Umstand, dass ich gemäß den Standards der Normalität immer viel zu viel Freude hatte.

Zum Beispiel mussten wir an meinem Gymnasium in Österreich, einer katholischen Mädchenschule, eine komplett blaue Uniform tragen – blauer Rock, blaue Bluse. Ich war bekannt dafür, kreative Möglichkeiten zu finden, Spaß mit der Uniform zu haben. Es lag in meiner Natur, alles zu tun, was ich konnte, um einen Weg zu finden, dass dies für mich funktionierte, und ich tat es. Sie schrieben in der Schülerzeitung über meinen Uniformstil.

Ein anderes Beispiel kam aus der Kirche: Ich gab immer wieder vor, in Ohnmacht zu fallen, um dem Gottesdienst zu entkommen. Der Priester hatte für meinen Geschmack viel zu viele fixe Ansichten, also stieg ich da aus, anstatt mich selbst damit zu quälen, mir das anzuhören.

Ich stellte fest, dass es in dieser Realität funktioniert, wenn man vorgibt, ein Opfer zu sein. So sind die Systeme eingerichtet. Es ist nichts falsch daran; es ist einfach so. Die Frage lautet: Wie kannst du das für dich nutzen, anstatt es zu ertragen?

Kinder sind genial. Wenn sie nicht in die Schule gehen wollen, wissen sie, was sie tun müssen: Sie geben vor, krank zu sein. Sie wissen, dass Kranksein einen davon entbindet zu tun, was man nicht tun möchte. Erwachsene wissen das auch, nur sind sie nicht so schlau wie Kinder. Sie bewerten und quälen sich selbst und ihre Körper lieber, indem sie tun, was sein meinen, dass richtig sei. Wenn sie sich bei der Arbeit krankmelden, machen sie sich selbst krank, um zu beweisen, dass sie gute Menschen sind.

Wie sehr manipulierst du andere und dich selbst mit deinen Schwächen?

Lach jetzt nicht! Damit verrätst du nur dein Geheimnis.

Dies ist eine der Arten, auf die Menschen sicherstellen, dass sie dazugehören – indem sie die Richtigkeit der Ansicht anderer Leute ertragen, anstatt zu wählen, was funktioniert. Sie sind dramatisch anstatt pragmatisch. Pragmatisch bedeutet zu tun, was funktioniert, und sich nicht selbst dafür zu bewerten.

Wie wäre es, dir zu erlauben, dir selbst zu vertrauen, dass du weißt, was für dich am besten funktioniert? Wie wäre es, dir selbst zu erlauben zu tun, was es braucht, um zu bekommen, was du dir wünschst, und dich dafür nicht selbst zu falsch zu machen? Warum solltest du vorgeben, dass du weniger kraftvoll bist, als du bist? Warum solltest du dir das Leben schwerer machen als nötig?

Fang an zu genießen, was du wählst!

Das Problem, das die Leute sich schaffen, ist, dass sie ihre eigenen Strategien als real abkaufen. Sie bringen sich selbst dazu, zu ihren Strategien zu *werden*. Dies begrenzt ungemein, wer sie sind und wozu sie fähig sind.

Deine Ansicht kreiert deine Realität. Wenn du zum Beispiel viel Aufmerksamkeit von deinen Eltern bekommen hast, wenn du krank warst, hast du wahrscheinlich die Strategie des Krankseins angewendet, um zu bekommen, was du wolltest. Als Erwachsener führst du das möglicherweise fort, nur vergisst du, dass es eigentlich eine Strategie war. Du kreierst eine Identität darum, der Kranke zu sein. Dein Körper wird kranker und kranker und du fragst dich warum. Noch einmal: deine Ansicht kreiert deine Realität – dieser Gedanke beeinflusst alles und wir werden noch häufig in diesem Buch darauf zurückkommen. Der Kranke zu sein, wird zur Geschichte, die deine Realität davon erklärt, wer du meinst zu sein.

Geschichten werden als Gründe und Rechtfertigungen dafür benutzt, warum du keine Wahl hast und du das, was du verändern möchtest, nicht verändern kannst.

Wenn es dir schwerfällt, all das zu lesen ... ist das gut! Das bedeutet, dass es genau das anspricht, was du als deine Begrenzungen erschaffen hast, und sie auflöst, während zu liest. Lies weiter! Lasse zu, dass dieses Buch dir ermöglicht, jene Bereiche zu verändern, die du bisher nicht hast verändern können. Veränderung ist nicht logisch; wenn sie das wäre, hätten wir eine andere Welt, in der wir Logik anwenden könnten, um alles zu lösen. Während du liest, bitte um Veränderung und erlaube dir selbst zu empfangen, was möglich ist.

Die Menschen denken, dass Geschichten das sind, was sie definiert. Ihre Geschichten werden zu dem, *was sie sind*. Als Psychologin erzählen mir meine Klienten Geschichten über ihre

Kindheit. Manche Klienten sind daran interessiert, die Juwelen zu entdecken, indem sie ihre Vergangenheit annehmen. Die meisten Menschen jedoch benutzen ihre Vergangenheit als einen Bezugspunkt, um zu bestimmen, wie die Gegenwart und die Zukunft sein wird.

Wie benutzt du deine Vergangenheit? Als einen Grund und eine Rechtfertigung, warum du keine Wahl hast? Oder als ein Geschenk, das dir mehr darüber sagt, was möglich ist?

Alles kann ein Geschenk sein.

Ein Problem ist nur eine Möglichkeit, verknüpft mit einer Ansicht . . . sobald du die Ansicht entfernst, kannst du die Möglichkeit genießen.

Jedes Mal, wenn du das Wort „weil" verwendest, ist alles, was danach folgt, wie du rechtfertigst, warum die Dinge so sind, wie sie sind. Dies sind die Antworten, mit denen du dich einer Gehirnwäsche unterziehst, anstatt die Fragen zu stellen, die dir neue Möglichkeiten eröffnen.

In meiner Praxis habe ich gesehen, dass viele Menschen dieselben Rechtfertigungen benutzen: „Ich kann dies nicht tun, weil ich nicht das Geld habe." „Ich kann dies nicht tun, weil ich keine Zeit habe." „Ich kann dies nicht tun, weil ich krank bin." Dies sind die beliebtesten drei Gründe, die die Leute real machen, und diese Rechtfertigungen begrenzen, was für sie wirklich möglich ist. Niemand kann gegen einen Mangel an Geld, Zeit, und Krankheit argumentieren. Während du dies liest, wirst du vielleicht sagen, dass dies tatsächlich real ist. Wirklich?

Was machst du real, das es nicht ist?

DEINE ANSICHT KREIERT DEINE REALITÄT.

Wenn du irgendeinen Nutzen davon hast, krank zu sein, hast du die Wirkkraft, deinen Körper davon zu überzeugen, dass du krank bist. Jedes Mal, wenn du sagst: „Ich bin krank", kreierst du Krankheit und Müdigkeit in deinem Körper. Ist dein Körper wirklich müde oder hast du dich selbst davon überzeugt, dass er müde sein muss?

Jedes „Ich bin" ist eine Geschichte und eine Definition, die du dir selbst darüber erzählst, wer du bist. Mit jedem „Ich bin" begrenzt du dich selbst darin, Zugang zu allem anderen zu bekommen, was du bist. Du begrenzt dein Empfangen.

Das Universum mag dich. Tatsächlich liebt es, dir ein Beitrag zu sein. Jedes Molekül des Universums wünscht sich, dass du sein Geschenk empfängst. Empfängst du es? Nicht, wenn du deine eigene Geschichte abkaufst.

Ich hatte in der Schule Latein und war in den ersten beiden Jahren die Beste in meiner Klasse. Mein Lehrer bat mich, Nachhilfe zu geben. Meine Klassenkameradinnen fanden meinen Erfolg jedoch nicht gut, weil es nicht als cool galt, in Latein gut zu sein. Als Reaktion darauf fing ich an, zu versagen. Ich kreierte die Ansicht, dass ich nicht so gut sein kann. Dies lag offensichtlich nicht daran, dass ich es nicht tun konnte – ich hatte meinen Erfolg damit vergiftet, die Ansichten anderer Leute abzukaufen und mir zu eigen zu machen. Ich war nicht bereit, als erfolgreich bewertet zu werden.

Diese Ansichten erschaffen wir im Handumdrehen. Die meisten davon sind noch nicht einmal kognitiv. Du bist dir ihrer noch nicht einmal gewahr. Wenn du dir der Ansichten bewusst wirst, die du als real erschaffst, ist dies der Ausgangspunkt für Veränderung.

DREI

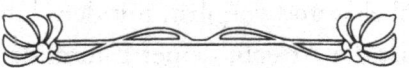

Durch unsere Probleme definiert

$\mathcal{A}$ ls ich neunzehn war, erfuhr ich, nachdem ich mit sechzehn bereits sechs Monate in den Vereinigten Staaten verbracht hatte, meine nächste Phase der Entdeckung meiner Unabhängigkeit: Ich zog von Österreich nach Schweden, um dort zu studieren und zu leben, ohne die Sprache zu kennen.

Ich hatte schon immer den Drang, mehr und mehr zu entdecken und erkunden. Ich liebe es, neue Wege zu beschreiten. Ich brauchte eine Weile, um zu erkennen, dass meine Eltern mir das Gefühl vermittelten, dass das gesamte Universum hinter mir steht, genauso, wie sie immer für mich da sind, egal, was passiert.

Und doch, selbst wenn deine Eltern wie meine sind, werden sie dich wahrscheinlich nicht herausfordern, das zu sein und zu kreieren, wozu du wirklich fähig bist. Die meisten Eltern denken, ihre Aufgabe bestehe darin, dich dazu zu bringen, dass du hineinpasst und normal bist. Wenn du dich nicht von der Masse abhebst und es hinbekommst, dir ein Leben zu erschaffen, das dir erlaubt zu überleben, sind sie aus ihrer Sicht erfolgreich. Denke einmal so darüber nach: Die meisten Eltern sind nie von *ihren* Eltern dazu herausgefordert worden, alles zu sein, was sie sind. Daher denken sie nicht, dass ihre Aufgabe darin besteht, dich dazu zu ermutigen, alles zu sein, was du bist.

Wie sehr lebst du das Leben deiner Eltern? Indem du dich nie von der Masse abhebst und vorgibst, mit dem Überleben zufrieden zu sein? Du wählst die Ansicht deiner Eltern, damit du dich selbst überzeugen kannst, dass du dir nicht mehr im Leben wünschst. Was, wenn du über die Welt deiner Eltern hinausgehst? Ist es jetzt an der Zeit? Was, wenn du dich selbst dazu herausfordern kannst, großartiger zu sein, als du für möglich gehalten hast?

Ich habe so viele Menschen getroffen, deren Eltern schon lange gestorben waren, die sich dennoch in jeder Wahl, die sie trafen, auf sie bezogen. Sie dachten zum Beispiel: „Was würde meine Mutter sagen, wenn ich das tue?" – und sind sich dessen noch nicht einmal kognitiv bewusst, dass sie diese Ansicht haben. Diese Ansichten, von denen die Leute noch nicht einmal wissen, dass sie sie haben, bestimmen ihr Leben.

Welche Ansichten hast du, die dein Leben bestimmen?

Was würdest du gerne als dein Leben wählen? Was, wenn du diese Frage jeden Tag stelltest und es herausfändest?

Du könntest diese Welt als tragisch betrachten, wenn du möchtest. Ich habe gelernt, das Unterhaltsame daran zu sehen – das ist etwas, das ich von meinem Vater gelernt habe. Er hat das seltene Talent, nichts ernst zu nehmen, noch nicht einmal sich selbst.

Die Welt, in der wir leben, fordert ständig von uns, dass wir uns auf eine bestimmte Art und Weise präsentieren. Egal, in welcher Gruppe du bist, gibt es eine Art des Funktionierens, die richtig ist; es wird von dir erwartet, dass du das Richtige sagst. Die meisten Menschen haben gewissenhaft erlernt, auf bestimmte Weise darauf zu reagieren.

Wenn du zum Beispiel über die Feiertage nach Hause kommst

und deine Familie besuchst, merkst du, dass du dich plötzlich anders verhältst? Du bist im Kind-Modus. Du passt dich an deine Familie und das, was sie von dir erwarten, an; du reagierst auf das, was sie sich von dir wünschen, dass du bist. Wenn sie möchten, dass du ihr liebes Kind bist oder derjenige, der immer rebelliert, oder derjenige, der ihnen Unbehagen bereitet, weil du so anders bist, wirst du das abliefern. Was auch immer es ist, du bist dir dessen gewahr und schnappst es auf – einfach die Art, wie deine Eltern dich wahrgenommen haben, noch bevor du geboren wurdest. Dies sind Informationen, die dir schon immer bekannt gewesen sind, und du kreierst dich selbst dementsprechend.

Bei Geschwistern empfinden die Eltern manchmal eines schöner als das andere. Die Eltern projizieren eine Ansicht auf das schöne Kind: „Zum Glück ist sie schön, denn sie ist nicht so klug." Und auf das weniger schöne Kind projizieren sie eine andere Ansicht: „Zum Glück ist sie klug, denn sie ist nicht so hübsch."

Kinder schnappen alle diese Informationen auf und erschaffen sich entsprechend.

Hast du schon einmal ein Kind kennengelernt, das den Ruf hatte, außer Kontrolle zu sein – das böse Kind – und das diesen Ruf während seiner gesamten Kindheit behielt? Warum passiert das? Weil sie auf das reagieren, was andere von ihnen erwarten. Kinder haben ein ganz feines Gespür für die Bewertungen ihrer Eltern und Lehrer. In der Regel stellen sie nicht infrage, ob diese Bewertungen wirklich etwas mit ihnen zu tun haben. Sie haben gelernt, auf ihre Eltern und andere Erwachsene zu hören und ihr Wort, ausgesprochen oder unausgesprochen, als Realität anzunehmen.

Bald glauben sie, dies sei, wer sie sind – „das hyperaktive Kind", „das wütende Kind", „das Kind außer Kontrolle", „das zu empfindliche Kind". Sie identifizieren und definieren sich selbst über das, was auf sie projiziert wurde. Dies wird zur Falle. Das Kind hat keine Wahl, da es reflexartig die Lügen erfüllt, die festlegen, wer es sein wird.

Der Schlüssel dafür, darüber hinaus zu gehen, liegt in der Erkenntnis, dass es nichts Gutes und nichts Schlechtes an den Ansichten gibt, die auf uns projiziert werden. Wenn du dich gegen die Ansichten deiner Eltern wehrst und darauf reagierst, wirst du dazu. Wenn du damit einverstanden bist und damit übereinstimmt, wirst du dazu. An den Ansichten deiner Eltern ist nichts Falsches oder Richtiges. Das sind alles bloß interessante Ansichten und keine Realität.

Wüsstest du gerne, wie du mehr Leichtigkeit damit haben kannst? Wüsstest du gerne, wie du deine Versklavung in Bezug auf die Ansichten deiner Eltern (und anderer Leute) verändern kannst?

Hier ist ein Werkzeug:

Nimm die Essenz aller Ansichten wahr, die deine Eltern über dich haben. Nun sage laut:

„Interessante Ansicht, dass sie diese Ansicht haben."

Nun wiederhole es. Noch einmal. Und noch einmal.

Ist es so schwer wie vorher?

Nimm den Unterschied wahr, den du gerade herbeigeführt hast, und wiederhole es, bis keine Schwere mehr da ist, nur Leichtigkeit.

Nun frage: „Welche Ansichten habe ich über meine Eltern?" Dann sage laut:

„Interessante Ansicht, dass ich diese Ansicht habe."

Wiederhole dies auch so oft wie nötig, bis keine Schwere mehr da ist.

Sobald du erkennst, dass jedermanns Ansichten nur interessante Ansichten sind, wird dir klar, dass alles, was du real gemacht hast, nicht real ist. Dies gibt dir Freiheit jenseits der Bewertungen anderer Leute.

In dieser Welt dreht sich alles um Schubladen und Bewertungen und Definitionen und Beschlüsse darüber, wer und was Menschen sind. Manche Menschen denken: „Aber das ist doch alles, was es gibt. So funktioniert die Welt." Wirklich? Ist dies alles, was du bist? Die Bewertungen anderer Menschen über dich? Oder bist du so viel mehr darüber hinaus?

Weißt du, dass an dir so viel mehr dran ist, als persönliche Eigenschaften, Bewertung, Beschlüsse, Definitionen und Schubladen? Alles ist absolut nicht definierbar. Das Du, das wirklich du bist, jenseits allen Schubladendenkens, kann nicht in eine Box gesteckt werden. Du bist undefiniert und uneingeschränkt.

Wenn du dich selbst definierst oder anderer Leute Definitionen über dich zustimmst, selbst wenn du dich gegen sie wehrst, kaufst du deine eigene Geschichte als real ab. Du erzählst dir selbst die Geschichte darüber, wie du aufgewachsen bist und was alles passiert ist. Und du fährst fort, dir selbst zu erzählen, dass all dies der Grund für alles ist, was in deinem Leben nicht möglich ist.

Dies ist nicht kulturspezifisch. In allen Kursen, die ich auf der ganzen Welt mit Menschen aus allen möglichen verschiedenen Ländern und Kulturen facilitiere, sehe ich die Leute dies ständig machen – dass sie ihre eigene Geschichte als Grund und Rechtfertigung dafür verwenden, warum sie nicht kreieren können, was sie sich wirklich zu kreieren wünschen.

Als was hast du dich definiert und eingeschränkt?

Achte darauf, was in deiner Welt hochkommt, wenn ich diese Frage stelle. Es gibt vielleicht Dinge, die du in Worte fassen kannst; anderes kommt vielleicht einfach in Form von Energien oder Gewahrsein auf, schwer oder leicht. Das ist alles, was es braucht. Wenn du eine solche Frage stellst, enthüllt das all die Bereiche und Arten, wo und auf die du dich definierst.

Es gibt eine Möglichkeit, alle diese Orte, wo du dich definiert und eingeschränkt hast, aufzulösen. Bist du wirklich bereit zu verändern, was nicht für dich funktioniert? So verrückt dies auch klingen mag, aber die meisten Menschen möchten lieber an ihren Begrenzungen festhalten, als die Leichtigkeit der Veränderung zu erfahren.

Sie sagen, sie wollen Veränderung, aber sie sind so sehr daran gewöhnt, dass das Leben schwierig ist, dass sie wissenschaftliche Belege brauchen, bevor sie sich auf *irgendetwas, das anders ist*, als was sie bisher erlebt habt, einlassen. Sie lieben ihr Gehirn und wenn ihr Gehirn ihr Leben bestimmt.

Bist du anders? Bist du bereit, darüber hinaus zu gehen, wer du dachtest zu sein, und zu entdecken, wer du wirklich bist? Vielleicht stellst du fest, dass du nicht so sehr in Schwierigkeiten steckst, wie du dachtest. Bist du bereit, das zu wissen?

Nach vielen Jahren, in denen ich mein Leben von meinem Hirn hatte bestimmen lassen, kam ich an einen Punkt, wo ich wusste, dass ich mich verändern wollte. Ich traf Gary M. Douglas, den Gründer von Access Consciousness, und Dr. Dain Heer, den Mitgestalter. Dies veränderte alles. Ich erlernte Werkzeuge und Perspektiven, die alles in meinem Leben wirklich veränderten.

Ich lernte, dass, mein Leben wie ein Hirn auf Beinen zu kreieren, nicht alles war, das es im Leben gab. Eines der ersten Werkzeuge, das ich erlernte, war das Clearing Statement:

Right and wrong, good and bad, pod and poc, all 9, shorts, boys and beyonds.®

Willkommen zu deinem Zauberstab! Wusstest du da nicht, seit du klein warst, dass du zaubern kannst? Haben die Erwachsenen in deiner Umgebung dir das ausgeredet? Würdest du gerne wieder die Türen zu dem öffnen, wozu du wirklich fähig bist?

Wenn du gerne erfahren möchtest, wofür jedes Wort im Clearing Statement steht, besuche www.theclearingstatement.com. Aber du kannst es auch verwenden, ohne jedes Wort zu kennen, um deine Begrenzungen zu zerstören.

Man kennt mich als eine ganz andere Art von Psychologin; nämlich eine pragmatische Psychologin. Ich tue, was funktioniert, egal, wie anders es ist. Solange es funktioniert und Veränderung und Leichtigkeit bewirkt, werde ich es anwenden.

Ich weiß, dass dich mehr ausmacht, als dein Hirn und deine

Gedanken dir sagen. Ich weiß, dass Magie realer ist als Logik. Was weißt du?

Das Clearing Statement dient dazu, Begrenzungen zu entfernen. Was auch immer in deinem Leben nicht funktioniert, ist etwas, was du kreiert hast. Nun kannst du es un-kreieren. Wie? Indem du das Clearing Statement verwendest:

Als was hast du dich definiert und beschränkt?

Alles, was hochkommt, wenn ich diese Frage stelle, alles, was du in Worte fassen kannst, und alles, was du nicht in Worte fassen kannst, wählst du nun, dies zu zerstören und unzukreieren? Du kannst wählen: „ja" oder „nein" zu sagen. Wenn du „ja" sagst, lass es uns jetzt zerstören und unkreieren.

Right and wrong, good and bad, pod and poc, all 9, shorts, boys and beyonds.®

Noch einmal:

Als was hast du dich definiert und beschränkt?

Alles, was das ist, zerstörst und unkreierst du das? Danke.

Right and wrong, good and bad, pod and poc, all 9, shorts, boys and beyonds.®

Jedes Mal, wenn du diese Frage stellst und das Clearing Statement benutzt, zerstörst und unkreierst du noch eine weitere Schicht all der Definitionen und Beschränkungen deiner selbst. Dadurch eröffnet sich mehr Raum für dich zum Kreieren.

Jede Definition von dir ist eine Antwort darauf, wer und was du bist. Es ist eine Kreation – eine Erfindung und keine Realität. Wenn du das Clearing Statement verwendest, kannst du all das auflösen, um herauszufinden, wer du wirklich bist und wozu du fähig bist.

Bitte wisse, dass es Mut braucht, bereit zu sein, alles loszulassen, als was du dich definiert hast. Du hast diesen Mut, sonst würdest du dieses Buch nicht lesen.

Ich habe viele Menschen getroffen, die sagten, sie seien bereit, ihre Probleme loszulassen, als sie sich jedoch der Veränderung gegenübersahen, um die sie gebeten hatten, weigerten sie sich, sie zu wählen, und kehrten zur Vertrautheit ihrer Probleme zurück. Warum? Diese Probleme haben etwas Heimeliges an sich. Du kennst sie; du hast sie schon immer gehabt.

In der griechischen Mythologie wurde Sisyphus für chronische Arglist bestraft, indem er gezwungen war, einen riesigen Felsen einen Berg hochzurollen, nur um zu sehen, wie er wieder herunterrollte. Er musste dies auf ewig wiederholen. So leben die meisten Menschen ihr Leben. Sie kreieren diese Felsen, den sie als ihr Thema oder ihr Problem bezeichnen, und rollen ihn jeden Tag den Berg hinauf. Am Ende des Tages rollt der Felsen wieder hinunter und sie müssen am nächsten Tag von Neuem beginnen.

Die Menschen lieben ihre Felsbrocken. Sie lieben ihre Themen, weil diese definieren, wer sie sind. Ein Felsbrocken ist ein Hindernis, das es zu überwinden gilt, was sie dazu motiviert, weiterzumachen. Ihre Felsen und Themen geben ihnen etwas zu tun.

**Was hast du so wertvoll an den Felsbrocken
in deinem Leben gemacht?**

**Alles, was das ist, zerstörst und
unkreierst du das jetzt? Danke.**

**Right and wrong, good and bad, pod and
poc, all 9, shorts, boys and beyonds.®**

Die meisten Menschen werden dadurch motiviert, dass etwas in ihrem Leben nicht funktioniert. Wenn es nicht funktioniert, ist es an der Zeit, es zu beheben. Meine Großmutter stopfte früher die Socken der ganzen Familie. Wenn es ein Loch gab, kümmert sie sich darum. Sie lebte nach dem Zweiten Weltkrieg in Österreich, als es üblich war, Strümpfe und Unterwäsche zu flicken, doch heute denken die meisten Menschen, ihr ganzes Leben wäre wie Socken, die gestopft werden müssen.

Wie viel Zeit deines Lebens verwendest du aufs Reparieren? Solange du dir selbst die Aufgabe erteilst, ein Problemlöser zu sein, werden immer mehr Probleme auf dich zukommen, die zu lösen sind. Genau wie Sisyphus. Wenn du deinen Felsen zum Zentrum deines Lebens machst, wird es in deinem Leben darum gehen, deinen Felsen den Berg hochzurollen und ihn wieder hinunterrollen zu sehen und am nächsten Tag wieder von vorne zu beginnen.

Warum sind diese Felsen so interessant für die Leute, dass sie immer weiter jeden Tag den ganzen Tag mit ihnen spielen?

Meine Laufbahn in der Psychologie hat mir gezeigt, dass die Menschen ihre Themen lieben. So viele Klienten, die ganz dringend ihre Probleme loswerden wollten, hatte eigentlich gar kein Interesse daran. Die Menschen benutzen ihre Probleme, um zu definieren, wer sie sind: „Ich bin derjenige, der Probleme mit Beziehungen hat." „Ich habe Probleme mit Geld." „Mein Problem ist meine Mutter."

Darüber definieren sie sich. Wenn sie das loslassen würden, wer wären sie dann?

Seine Themen loszulassen – die Probleme, die immer wieder auftauchen – erfordert viel Mut.

Wenn du jede Begrenzung loslassen würdest, die du dachtest zu haben, wer wärst du?

Es ist an der Zeit, dies herauszufinden.

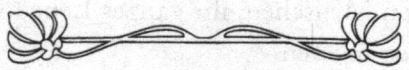

Was siehst du als vertraut an?

Alles, als was du dich selbst definierst, ist dir vertraut. Das Vertraute ist alles, was dir bekannt ist. Was du in der Vergangenheit warst und was du schon immer gewesen bist, meinst du, für immer zu sein. Es ist der Bezugspunkt, zu dem du immer wieder zurückgehst – um zu wissen, *wer du bist* – und du denkst, dies sei alles, was du bist, und nicht mehr.

Alles, was du von deiner Familie gelernt hast, ist das, was dir vertraut ist. Deine Familie und die Menschen, mit denen du aufgewachsen bist, sehen dich auf eine bestimmte Weise. Sie erwarten, dass du so bist, wie du schon immer gewesen bist. Nicht viele Familien sind offen dafür, dass ihre Kinder und Verwandten sich verändern. Familien sind Strukturen. Die Struktur besteht aus bestimmten Arten, Gesetzen und Bestimmungen. Veränderung und Anpassung an das, was funktioniert, wird in einer Struktur nicht gerne gesehen.

Dies gilt für die meisten Familien. Hast du jemals eine große Veränderung in deinem Leben durchgemacht und hast dann deine Familie getroffen und es war seltsam, weil du dich so sehr verändert hattest? Du wusstest, dass du anders warst, aber sie hatten kein Interesse daran, dass du anders bist.

Du hast erwartet, dass sie deine Veränderungen begrüßen. „Wenn ihr mich liebt", dachtest du, „werdet ihr glücklich für mich sein, egal, was passiert." Leider funktionieren die meisten Familien nicht so. Sie haben ihre eigene Ansicht: „Wenn du uns lieben würdest, wärst du, wer wir möchten, dass du bist, der, der du schon immer warst."

Musst du dich jedes Mal, wenn du deine Familie triffst, an sie anpassen? Was würde mehr Leichtigkeit schaffen? Was ist sonst noch möglich? Es erfordert großen Mut, über alles hinauszugehen, als was du dich definiert hast und was dir vertraut ist.

Indem du anerkennst, von wo aus deine Familie funktioniert, von wo aus du funktionierst und wie sehr sich deine Welt von der Welt deiner Familie unterscheidet, kannst du damit beginnen, etwas zu kreieren, das funktioniert. Wenn du Erlaubnis dafür hast, dass deine Familie nicht möchte, dass du dich veränderst, gibst du ihr, was sie will, weil du dich nicht mehr gegen ihre Ansicht wehrst. Gleichzeitig kaufst du ihre Ansicht nicht mehr als deine Ansicht ab. Du bist, was sie brauchen, dass du bist, und kannst gleichzeitig alles sein, was du bist.

Die Pragmatikerin in mir hat einige Ratschläge für dich: Erzähle den Leuten nie, was sie nicht hören können. Erzähle ihnen nie mehr, als sie hören können. Sei pragmatisch. Tue, was funktioniert. Ich habe ein Buch darüber geschrieben: *(Pragmatische Psychologie: Dein Anderssein – Deine Verrücktheit – Dein Glück!)*, das du auf meiner Webseite finden kannst: www.susannamittermaier.com.

Die meisten Menschen die Vorstellung, ihre Familie sei daran interessiert, dass sie sind, wer sie wirklich sind. Sofern deine Familie nicht vollkommen anders ist, hat sie kein Interesse daran, dass du du selbst bist. Sie ist daran interessiert, dass du bist, wer sie wollen, dass du bist. Das ist nicht falsch; dies ist, was für sie real und wichtig ist. Achte es, anstatt zu versuchen, es zu verändern. Es ist weder freundlich noch produktiv zu versuchen, Menschen zu verändern, die nicht an Veränderung interessiert sind.

Eltern hören selten auf ihre Kinder. Warum? Ihre Ansicht ist, dass du ihr Kind bist; warum also sollten sie dir zuhören? Sie haben beschlossen, ihre Aufgabe bestünde darin, sich um ihre Kinder zu kümmern, sicherzustellen, dass sie überleben, und sicherzustellen, dass sie in diese Welt passen. Ganz selten meinen sie, ihre Aufgabe sei es, ihre Kinder dazu zu ermächtigen zu sein, wer sie wirklich sind.

Viele Jahre lang wollte ich die Art, wie meine Eltern ihre Beziehung führen, verändern. Ich hatte die Ansicht, es sei falsch von meiner Mutter, meinem Vater zu sagen, was er tun soll. Schließlich erkannte ich, dass es mich nichts anging, solange sie mir keine Frage stellten, um es zu verändern. Wer bin ich denn, eine Ansicht über ihre Beziehung zu haben? Es gibt keine richtige oder falsche Art, eine Beziehung zu kreieren.

Versuche nicht, deine Familie zu ändern. Versuch nicht, dich selbst für deine Familie zu ändern. Sei du selbst und habe Spaß. So inspirierst du sie dazu, sich zu verändern – aber nur, wenn sie es wählen. Erwarte nicht von ihnen, an dir interessiert zu sein oder dir zuzuhören. Nur, weil du das Kind deiner Eltern bist, bedeutet das nicht, dass sie dir zuhören sollten.

Ich habe eine Freundin in Schweden, die mir erzählte, dass sie sich, als ihre Kinder klein waren, nie als Mutter gefühlt hat. Sie verstand nicht, was es hieß, eine Mutter zu sein oder wie sie sich fühlen sollte. Einige Zeit machte sie sich selbst dafür falsch, bis sie merkte, dass es keine bestimmte Art gibt, wie eine Mutter sich fühlen sollte.

Als ihre Kinder noch klein waren, beschloss sie, sie auf ein Internat in England zu schicken. Da sie begriff, dass es keine bestimmte Art gibt, wie eine Mutter sich fühlen oder handeln sollte, war sie sich ihrer untypischen Entscheidung sicher. Ihre Kinder auf ein Internat zu schicken funktionierte für sie und ihre Kinder; sie haben eine großartige Beziehung miteinander und ihre Kinder sind inzwischen zu fantastischen jungen Menschen herangewachsen. Diese Familie tat, was für sie funktionierte, auch wenn dies nicht die typische Art war, eine Familie zu kreieren.

Was könntest du mit deiner Familie anders sein oder tun, das für dich funktionieren würde?

Anstatt darauf zu warten, dass deine Familie sich für dich interessiert, könntest du dich für sie interessieren. Stelle ihnen Fragen über sich. Die meisten Menschen interessieren sich mehr für sich selbst als für andere; sie denken noch nicht einmal an dich, weil sie so sehr damit beschäftigt sind, an sich selbst zu denken. Warum solltest du annehmen, es sei mit deiner Familie anders?

Fragen zu stellen, ist eine großartige Möglichkeit, um dein Leben zu erweitern. Ich habe zum Beispiel meine Großmutter über ihr Leben ausgefragt. Ich habe so viel dabei gelernt. Sie wuchs während des Zweiten Weltkrieges in Österreich auf. Dies war während Hitlers Herrschaft und sie erzählte mir alles darüber, wie es war, in dieser Zeit aufzuwachsen. Ich hatte in der Schule viel darüber gelesen, aber zu hören, was sie über diese Zeit zu sagen hatte, war ganz anders als das, was in den Geschichtsbüchern stand. Sie erzählte mir, dass sie vor Hitler nichts gehabt hatten – kein Geld, kein Essen und keine Hoffnung. Er wusste, was die Leute hören mussten, um Anhänger zu gewinnen. Er erzählte den Menschen, dass er für Essen und Arbeitsplätze und alles, was sie brauchten, sorgen würde. Sie merkten nicht, was noch vor sich ging. Ihre Bedürfnisse nach Überleben erfüllt zu bekommen, machte sie blind demgegenüber, was dieser Mann wirklich vorhatte. Das ist etwas, was man normalerweise nicht in Geschichtsbüchern liest.

Nachdem ich meine Großmutter befragt hatte, beschloss ich, meine Mutter und meinen Vater dazu zu befragen, wie es war, nach dem Zweiten Weltkrieg aufzuwachsen. Dies brachte eine andere Perspektive hinein. Es gab mir viele Informationen darüber, wie sie ihre Ansichten über das Leben und darüber, wie man in dieser Welt funktioniert, kreierten. Das gab mir viele Informationen über meine Erziehung.

Bei diesen Beispielen dafür, Interesse an Familienmitgliedern zu zeigen, geht es nicht darum, irgendeine besondere Geschichte bedeutsam zu machen oder sie als Rechtfertigung dafür zu sehen, wie die Dinge sind. Es geht darum, Information hinzuzufügen. Das ist ein großer Unterschied. Die meisten Menschen verwenden das, was gewesen ist, dazu, um zu erklären, warum die Dinge so sind, wie sie jetzt sind. So rechtfertigt man Begrenzungen. Es ist eine Bestätigung dessen, was ist, und man kann nur Begrenzungen bestätigen.

Das, was war, zu verwenden, um dein Gewahrsein zu erweitern, ist eine vollkommen andere Perspektive. Das ist der Fall, wenn du die Informationen als Werkzeug benutzt, um dein Leben zu erschaffen. Für mich brachte das Einholen von Informationen über die Perspektive meiner Familie mehr zusätzliche Informationen darüber, wie sie wählen zu funktionieren.

Bist du es leid, Vogel Strauß zu spielen? Ist es an der Zeit, deinen Kopf aus dem Sand zu ziehen und zu wissen, was in deinem Leben vor sich geht?

Das loszulassen, was dir vertraut ist, bedeutet, jene Strukturen loszulassen, innerhalb derer du funktioniert hast. Die Leute denken, dass die Dinge, die ihnen bekannt sind – die Dinge, die ihnen vertraut sind – das ist, was ihnen Sicherheit garantiert. Das stimmt nicht. Sie halten dich begrenzt.

Die einzige Sicherheit, die du hast, ist vollkommenes Gewahrsein. Gewahrsein ist wie das Anschalten des Lichts. Du siehst, was ist. Du siehst, was du wählst, und du siehst die Dinge, die großartig an dir sind, und die Dinge, die funktionieren und die Dinge, die nicht so großartig sind. Und wenn du dich selbst für nichts bewertest, hast du vollkommene Wahl – alles, was nicht funktioniert, und auch das, was funktioniert, in etwas Großartigeres zu verändern.

Wenn die Leute Kampfsport betreiben, denken sie nicht darüber nach, wie man sich schützt. Sie nutzen ihr Gewahrsein, um zu navigieren. Sie sind so präsent mit ihren Körpern und so verbunden mit allem und allen um sie herum, dass sie genau wissen, wenn jemand hinter ihnen steht und wann sie eine Bewegung machen müssen, um nicht verletzt zu werden.

Du brauchst nicht zu warten, bis du einen schwarzen Gürtel hast, um dein Gewahrsein dazu einzusetzen, für dich zu sorgen. Du kannst es üben. Oder wenn du allergisch auf das Wort „Übung" bist, dann spiele. Wie? Indem du deinen Körper benutzt. Tue mindestens eine Stunde am Tag etwas, das deinem Körper Freude bereitet.

Was genießt dein Körper? Frag ihn einfach. Ein Spaziergang, barfuß im Sand laufen, den Hügel hinunterrollen, nackt im Regen tanzen (ich habe meinen ersten Nackttanz im Regen in Schweden vollführt – wunderbar dafür geeignet!), ausgelassen zu toller Musik tanzen, ein Bad nehmen, köstliches Essen genießen, singen, komisch laufen (schau dir zur Inspiration „Faulty Towers" an). Was würdest du der Liste hinzufügen?

Wenn du machst, was deinem Körper Freude bereitet, beginnst du präsenter zu werden. Wenn du präsenter wirst, erweiterst du dein Gewahrsein und das ist der beste Schutz, den du haben kannst.

REFERENZPUNKTE

Wenn du aus dem Gewahrsein funktionierst, ermöglicht das dir, deine Referenzpunkte loszulassen. Referenzpunkte sind alles, was du benutzt, um dich selbst zu definieren. Jeden Morgen beim Aufwachen erinnerst du dich an alles, was du gestern gewesen bist, und läufst an diesem Tag im selben Hamsterrad weiter.

Was wäre, wenn du dich jeden Tag neu erfinden würdest? Stelle es dir vor, als würdest du in ein fremdes Land reisen. Du kannst jeden Moment sein, wer du gerne sein möchtest, weil die Leute um dich herum neu sind. Du kennst sie nicht, also kannst du dich jeden Moment neu erschaffen. Was wäre, wenn du nicht bis zu deiner nächsten Reise auf diese Möglichkeit warten musst, sondern sie jetzt sofort kreieren kannst?

Alles – all die Menschen, die du kennst, was sie für dich und gegenüber dir und mit dir vor dem jetzigen Moment gewesen sind, all die Projektionen, Erwartungen, Abtrennungen, Bewertungen und Ablehnungen, die ihr voneinander habt – zerstörst und unkreierst du das alles jetzt? Right and wrong, good and bad, pod and poc, all 9, shorts, boys and beyonds.®

Wenn du dieses Clearing Statement jeden Morgen anwendest, zerstörst und unkreierst du all den Ballast, den du mit anderen Leuten hast. Du zerstörst und unkreierst damit nicht den Beitrag, der ihr einander seid. Du startest einfach jeden Tag von Neuem.

Die Menschen betreiben den ganzen Tag lang Projektionen, Erwartungen, Bewertungen, Abtrennungen und Ablehnungen mit allem jedem – auch mit sich selbst. Das ist, was sie gelernt haben; so meinen sie leben und sich durch diese Welt bewegen zu müssen. Nicht viele wissen, dass dies nicht die einzige Wahl ist, die sie haben. Nicht viele möchten wissen, dass sie eine andere Wahl haben. Wie ist es mit dir? Wie anders müsstest du sein, um Erwartungen, Abtrennungen, Bewertungen und Ablehnungen nicht mehr als real anzusehen?

Was machst du relevant, dass es nicht ist?

Alles, was das ist, zerstörst und unkreierst du das jetzt? Danke.

**Right and wrong, good and bad, pod and
poc, all 9, shorts, boys and beyonds.®**

Was wäre, wenn Bewertungen und der ganze Rest nicht relevanter wären als ein Furz im Universum? Ja, er stinkt. Na und? Du bewegst dich vom Geruch weg und gehst weiter. Warum tust du das nicht mit den Bewertungen der Leute, einschließlich deiner eigenen?

Ich musste das selbst lernen. Während wir auf dieser Welt aufwachsen, wird uns beigebracht, Bewertungen real und relevant zu machen. Es braucht Übung, darüber hinwegzukommen, aber es lohnt sich so sehr. Die Freiheit, die dir zur Verfügung steht, ist jenseits des Vorstellbaren.

Was machst du relevant, dass es nicht ist?

**Alles, was das ist, zerstörst und
unkreierst du das jetzt? Danke.**

**Right and wrong, good and bad, pod and
poc, all 9, shorts, boys and beyonds.®**

Wenn du deine Referenzpunkte loslässt, ist dies die größte Freiheit, die du dir selbst die Erlaubnis geben kannst zu haben. Was wäre, wenn du nicht an dem festhalten müsstest, was du als sicher definiert hast? Genießt du Sicherheit wirklich? Ich denke, du hättest dieses Buch nicht in die Hand genommen und so weit gelesen, wenn es dir um Sicherheit ginge.

Es erfordert Mut, von der vertrauten Klippe ins Unbekannte zu springen, besonders, wenn du noch nicht weißt, ob du Flügel hast. Welche Abenteuer und Feiern des Lebens wären für dich möglich? Ist es an der Zeit herauszufinden, wer du wirklich bist?

Wer bist du heute und welche großartigen und glorreichen Abenteuer erwarten dich morgen?

FÜNF

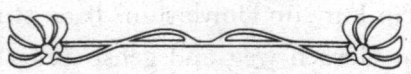

Wenn mich meine Familie endlich liebt

Wie viel Zeit deines Lebens hast du darauf gehofft, dass deine Eltern dich endlich verstehen? Dich wirklich sehen und lieben? Ist dies das Märchen, von dem du gehofft hast, deine Familie wäre es?

Die meisten Menschen haben Hoffnungen und Träume in Bezug auf ihre Familie. Diese Hoffnungen und Träume drehen sich darum, dass eines Tages, wenn sie genug für ihre Familie getan haben und sich selbst zu der Person gemacht haben, die ihre Familie möchte, dass sie sind, ihre Familie sie lieben und akzeptieren wird. Dies geschieht selten. Für die meisten Menschen und somit auch Familien sind die Ansichten über die Richtigkeit dessen, was sein sollte, wichtiger als das, was ist oder sein kann. Hoffnungen und Träume über unsere Familien halten uns davon ab zu sehen, was wirklich vor sich geht.

Ein Vorschlag für eine andere Sichtweise: Niemand von uns kann irgendjemand anderen empfangen, solange wir uns selbst nicht lieben, sehen und empfangen. Sehen und lieben deine Eltern sich und anderen Familienmitglieder? Wenn nicht, sind sie nicht in der Lage, dich zu empfangen.

Solange du darauf hoffst, dass andere dich sehen und lieben, machst du dich selbst blind. Du bleibst dann in der Erwartung und Projektion, anstatt der Akzeptanz.

Solange du darauf wartest, dass andere dich sehen und lieben, kreierst du ein Märchen anstelle deiner Realität. Was wäre, wenn du wüsstest, dass du den Mut hast, deine Fantasien darüber loszulassen, was du hoffst, um stattdessen zu sehen, was ist, und das Leben zu erschaffen, das wirklich für dich funktioniert?

Indem wir darauf warten, von anderen gesehen zu werden, missbrauchen wir uns selbst. Wir machen die Bewertungen anderer Menschen und ihre Fähigkeit uns zu sehen, real und relevant. Wenn wir das wählen, werden wir uns immer an die Welten anderer Menschen anpassen müssen.

**Ist es jetzt an der Zeit, darüber hinwegzukommen,
darauf zu warten, geliebt zu werden, und
deine wahre Genialität zu empfangen?**

Was wäre, wenn du wirklich das wertvolle Geschenk, das du für die Welt bist, begreifen würdest? Wenn du das tust, wirst du das Warten darauf, dass andere dich lieben, aufgeben und anfangen zu kreieren.

Was liebst du daran, dich selbst zu missbrauchen?

**Alles, was das ist, zerstörst und
unkreierst du das jetzt? Danke.**

**Right and wrong, good and bad, pod and
poc, all 9, shorts, boys and beyonds.®**

Bist du bereit, freundlich zu dir selbst zu sein? Dies erfordert Übung. Beginne damit, dass du jedes Mal mitkriegst, wenn du jemanden oder etwas größer machst als dich. Dann sage:

Alles, was das ist, überall, wo ich diese Person besser als mich und wertvoller als mich mache, das zerstöre und unkreiere ich. Right and wrong, good and bad, pod and poc, all 9, shorts, boys and beyonds.®

Tue dies jedes Mal, wenn du dich dabei ertappst, wie du jemanden oder etwas größer machst als dich, und du wirst aus diesem Teufelskreis des Missbrauchs an dir selbst ausbrechen. Mache dich nicht falsch dafür. Uns wird beigebracht, uns selbst zu bewerten; niemand hat uns je etwas anderes gezeigt. Was wäre, wenn du dir jetzt etwas anderes zeigst?

Das gesamte Universum möchte dir beitragen und für dich da sein. In dieser Hinsicht ist das Universum sogar großartiger als deine Eltern. Es ist dein Freund, es bewertet dich nicht und wird alles beitragen, worum du bittest. Alles, was du tun musst, ist zu bitten – und zu empfangen. Vergiss nicht zu empfangen. Die meisten Leute tun das. Na ja, die meisten Leute vergessen überhaupt erst zu fragen, weil sie bereits annehmen, dass das, was sie gerne hätten, nicht möglich ist.

Was hast du beschlossen, dass für dich nicht möglich ist?

Alles, was das ist, zerstörst und unkreierst du das jetzt? Danke.

Right and wrong, good and bad, pod and poc, all 9, shorts, boys and beyonds.®

Wenn du die Ansicht zu allem, von dem du beschlossen hast, dass es nicht möglich für dich ist, hinter dir lassen kannst, wirst du dich daran erinnern, darum zu bitten, wenn du dir etwas wünschst. Sage: „Universum, was würde es brauchen, damit . . . sich zeigt?", und wisse, dass das Universum dich hört und dir beitragen möchte. Sei dir jedoch gewahr, dass das Universum, wenn du in deinem Hinterkopf bereits beschlossen hast, dass dir das Universum nicht das schenken wird, was du dir wünschst, oder dass es nicht möglich ist, auch das hören kann. Bitte und sei bereit zu empfangen.

Empfangen wird auf diesem Planeten nicht oft praktiziert. In unserer Welt geht es nur darum, das Richtige zu tun und an unseren Vorstellungen davon festzuhalten, was das Richtige ist. Empfangen bedeutet, an nichts festzuhalten. Es geht darum, Dinge Teil der eigenen Welt sein zu lassen, sie dabei aber nicht relevant oder bedeutsam zu machen. Empfangen ist wie der Wind. Du kannst den Wind nicht festhalten. Du spürst ihn nur und spürst, wie er sich ständig verändert – seine Richtung und Intensität. Was, wenn du nur spürst, was andere Menschen als Ansichten und Bewertungen haben, und sie einfach nur wahrnimmst, ohne irgendetwas damit zu machen?

Sich nicht gegen die Ansichten anderer Leute zu verteidigen und sie einfach zu empfangen – das finden die meisten Menschen am schwierigsten mit ihren Eltern und anderen Familienmitgliedern. Warum ist das so? Die meisten Menschen definieren ihre Eltern und ihre Familien fast wie ihre bessere Hälfte. *Dies sind die Menschen, an denen mir liegt.*

Ironischerweise hat das in der Regel wenig mit Fürsorge zu tun. Es ist eher so, dass man ihre Ansichten sehr wichtig macht. Echte Fürsorge hingegen ist vollkommene Erlaubnis gegenüber sich selbst und anderen. Das bedeutet, dir und der anderen Person zu erlauben zu tun, was immer sie wählt, und umgekehrt. Ein anderes Wort für Fürsorge ist Erlaubnis, was heißt, nichts und niemandem zuzustimmen und sich nicht danach auszurichten oder dagegen in Widerstand zu gehen oder darauf zu reagieren. Die Leute wenden Fürsorge falsch an und missverstehen sie als das Wichtigmachen der Ansichten anderer Menschen.

Du kannst dich selbst nie mögen, wenn
du versuchst, wie andere zu sein.

Überall, wo du versuchst, wie andere zu sein,
was dich davon abhält, dich selbst zu mögen,
zerstörst und unkreierst du all das? Danke.

Right and wrong, good and bad, pod and
poc, all 9, shorts, boys and beyonds.®

Wen oder was hast du bedeutsam gemacht,
der oder das dich begrenzt?

Alles, was das ist, zerstörst und
unkreierst du das jetzt? Danke.

Right and wrong, good and bad, pod and
poc, all 9, shorts, boys and beyonds.®

Du machst dich zum Sklaven von allen, die du zu deiner besseren
Hälfte machst. Ich weiß, das klingt hart, aber das ist die Realität.
Du arbeitest für sie. Du bist nicht bereit, sie zu verlieren. Du denkst,
du brauchst sie, und das ist es, was ihnen erlaubt, alles mit dir zu
machen, was sie wollen. Funktioniert das für dich?

Wie vielen Bewertungen deiner Familie setzt du dich aus, nur,
weil es deine Familie ist?

Überlege einmal, wie die Menschen die simpelsten Stempel benutzen, um sich selbst zu begrenzen. Wenn du jemanden als deinen
„Freund" bezeichnest, hast du ihn bereits als jemanden definiert, der
dein Bestes wünscht. Wenn du Menschen als deine „Familie" bezeichnest, erwartest du von ihnen, dass sie dich lieben, dich als du
selbst sehen und Fürsorge für dich empfinden.

Zumeist erfüllen diese Bezeichnungen jedoch nicht unsere Erwartungen. Wenn derjenige, den du als deinen Freund bezeichnet,
etwas Unerwartetes tut, das nicht in diese Freundschaftsbox passt,

bist du überrascht und verletzt. Wenn derjenige nicht so nett ist, wie du erwartet hast, bist zu enttäuscht.

Wenn du jemandem einen Stempel aufdrückst, kannst du nur sehen, was zu dieser Bezeichnung passt. Bei einem Freund könntest du zum Beispiel nur sehen, wenn derjenige so ist, wie du es von einem Freund erwartest. Wenn er einen schlechten Tag hat und dich anders behandelt, als du erwartet hast, hast du nur die Wahl, gegen die Art zu reagieren, wie derjenige gerade ist.

Diese Szenarien geben dir nicht viel Freiheit. Sie bedingen deine ständige Reaktion und halten so die Seifenoper am Laufen, die du dein Leben nennst. Wenn du die Stempel aufgibst und die Person nur als das empfängst, was sie in diesem Moment ist, und nichts erwartest, gibt dir das die Freiheit zu sein. Wenn du enttäuscht bist, weil derjenige nicht getan hat, was du wolltest, zwingt dich das dazu, die Richtigkeit deiner Ansicht zu verteidigen.

Die meisten Menschen möchten lieber recht haben, als frei zu sein. Wie ist es bei dir? Möchtest du lieber recht haben oder frei sein? Die Freiheit erfordert von dir, dass du die Notwendigkeit aufgibst, recht zu haben.

Was erwartest du von deiner Familie, dass sie für dich ist und tut, das, wenn du es loslassen würdest, dir die Freiheit ermöglichen würde, du zu sein?

Alles, was das ist, zerstörst und unkreierst du das jetzt? Danke.

Right and wrong, good and bad, pod and poc, all 9, shorts, boys and beyonds.®

Die meisten Familien sind hauptsächlich daran interessiert, die Richtigkeit ihrer Ansicht aufrechtzuerhalten, und daran, dass alles beim Alten bleibt. Anzuerkennen, was ist – dass sich deine Familie wahrscheinlich nicht ändern wird und kein Interesse hat, sich zu ändern – anstatt zu hoffen, dass sie sich eines Tages ändert, erlaubt dir, dich zu entspannen, die Begrenzungen der Vergangenheit loszulassen und weiterzugehen, um deine Realität zu kreieren.

Das loszulassen, von dem du beschlossen hast, was und wie es sein sollte, erfordert von dir, alles loszulassen, das du als gut, perfekt und richtig definiert hast. Auch die positiven Bewertungen begrenzen dich. Die meisten Menschen sind sich ihrer negativen Bewertungen bewusst und all der Dinge, die nicht in ihrem Leben funktionieren. Alles, von dem sie beschlossen haben, es sei gut und perfekt, werden sie nicht weiter hinterfragen. Sie begrenzen sich selbst mit ihren positiven Bewertungen. Wenn du beschließt, dass du gut in etwas bist, suchst du nicht nach großartigeren Möglichkeiten; du hörst auf zu kreieren zugunsten der begrenzenden Ansicht, dass du es richtig machst, so, wie es ist.

Viele Menschen leben ausgehend von ihren positiven Bewertungen. Du denkst, es gebe ein perfektes Bild davon, wie dein Leben aussehen sollte und was du erreichen solltest. Das Problem hiermit ist klar: Wenn du dieses perfekte Bild noch nicht erreicht hast, bringt dich das dazu, dich selbst zu bewerten. Es ist ein Teufelskreis des Irrsinns. Möchtest du so leben? Möchtest du weiterhin Drama in deinem Leben erschaffen oder möchtest du beginnen zu tun, was tatsächlich für dich funktioniert? Ist es an der Zeit für dich, pragmatisch anstatt dramatisch zu sein?

Ich facilitierte einen Workshop, bei dem eine Frau in den Dreißigern sagte, sie habe ihr Leben entsprechend der Standards ihrer Familie gestaltet. Sie arbeitete in einer Anwaltskanzlei, hatte eine Beziehung mit einem äußerst erfolgreichen Mann und sie planten ihr erstes Kind. Sie war die perfekte Tochter. Sie wusste, dass sie alles perfekt machte für ihre Eltern.

Dann gab sie ganz plötzlich ihren Job auf. Sie hatte genug davon, in einem Büro zu arbeiten, wo die Menschen um sie herum halbtot und nur daran interessiert waren, Geld zu machen und das richtige

Image zu haben. Ihre Eltern waren erschüttert. Im Workshop sagte sie, wie schlecht sie sich fühlt, dass sie ihre Eltern enttäuscht hat und dass sie sie dafür bewerten, dass sie es nicht richtig macht.

Ich fragte sie: „Wahrheit, sind ihre Bewertungen wirklich relevant für dich?" Sie schaute mich eine Weile an, sagte aber nichts. Ich stellte dieselbe Frage noch einmal. Dieses Mal konnte sie ihr Lachen nicht zurückhalten. „Nein", sagte sie. Ich fragte: „Hast du dich dein ganzes Leben lang hervorragend davon überzeugt, dass dir die Ansichten anderer Menschen wichtig sind, weil es das ist, was eine gute Tochter tut?" Sie lachte noch mehr und meinte: „Ja!"

Hier ist ein großartiges Werkzeug, um festzustellen, was für dich wahr ist: Wodurch du dich leichter fühlst, ist richtig, was schwer ist, ist eine Lüge. Wenn du dir wünschst herauszufinden, was für dich wahr ist, frage dich einfach, was dazu führt, dass sich deine Welt leichter anfühlt oder was dich zum Lächeln oder Lachen bringt – das ist, was für dich wahr ist.

Als ich dieser Frau die Frage stellte, ob die Bewertungen ihrer Eltern wirklich relevant für sie waren, konnte sie nicht mehr leugnen, dass sie ihr ganzes Leben lang eine Lüge abgekauft hatte. Sie dachte, sie sei das Opfer der Ansichten ihrer Eltern, doch in diesem Moment erkannte sie, dass sie das nie gewesen war. Sie entspannte sich, ihr Körper entspannte sich, und sie konnte erkennen, dass ihr großartigere Möglichkeiten für sich und ihr Leben zur Verfügung standen, als sie je anerkannt hatte.

Sie sagte im Workshop, dass ihre Schwester diejenige war, um die sich die Eltern immer hatten kümmern müssen; ihre Schwester brauchte ihr ganzes Leben Geld und zusätzliche Unterstützung. Also hatte diese Frau beschlossen, dass, wenn ihre Schwester die Bedürftige war, sie diejenige sein musste, die sich um sich selbst kümmerte. Aufgrund dieser Ansicht übernahm sie die Rolle der „guten und erfolgreichen" Tochter. Sie versuchte, in diese Box zu passen, und als sie das nicht mehr konnte und ihren Job verließ, fühlte sie sich wie eine Versagerin, die ihre Eltern enttäuscht hatte.

Sie kreierte eine neue Ansicht: „Meine armen Eltern! Jetzt haben sie zwei bemitleidenswerte Töchter." Ich fragte sie, ob sie versuchte, ihre Eltern zu retten. Sie lachte wieder. Ich fragte: „Welche Ansicht hast du über deine Eltern, wenn du meinst, sie retten zu müssen?" Sie sagte: „Dass sie gerettet werden müssen." Ich fragte: „Müssen sie wirklich gerettet werden?" Sie meinte: „Nein, eigentlich nicht."

Dies ist der Prozess, den wir laufen ließen, der die ganze Gruppe zum Lachen brachte. Offensichtlich war sie nicht die einzige, die das machte.

Wenn du die Ansicht hast, jemand müsse gerettet werden, projizierst du diese Ansicht auf ihn. Er neigt dann dazu, dies abzukaufen und sich selbst als denjenigen zu kreieren, der gerettet werden muss. Unsere Ansichten kreieren unsere Realität. Wenn du eine Rolle übernimmst und dich selbst definierst, ist dies die Einschränkung, die dich davon abhält, Freiheit und Wahl zu haben.

Dummheit besteht nicht in einer Einschränkung unserer kognitiven Fähigkeiten. Es geht um die Begrenzungen, die Menschen wählen – indem sie sich dümmer machen, als sie sind.

Welche Dummheit benutzt du, um die Notwendigkeit zu kreieren, andere zu retten, wählst du?

Alles, was das ist, zerstörst und unkreierst du das jetzt? Danke.

Right and wrong, good and bad, pod and poc, all 9, shorts, boys and beyonds.®

Wie oft versuchst du, Menschen aus ihrem Elend zu befreien? Möchten sie aus ihrem Elend herausgeholt werden? Hast du sie gefragt? Geteiltes Leid ist halbes Leid, nicht wahr? Solange Menschen leiden, wissen sie, dass sie nicht alleine sind. Sie sind in guter Gesellschaft. Die meisten Menschen lieben ihr Elend. Sie sagen, dass sie sich davon befreien möchten, aber das ist nur, was sie sagen – nicht, was sie wählen.

Ich sagte der Frau im Workshop, sie solle ihren Eltern sagen, dass sie sich wie eine Versagerin fühlt und ihre Hilfe braucht. Dann werden sie aufhören, sie zu bewerten und anfangen, sie zu unterstützen. Sie ist keine Versagerin; sie sagt nur, was ihre Eltern hören müssen, um dazu eingeladen zu sein, ihrem neuen Leben bei- zutragen. Du musst bereit sein, den Leuten zu sagen, was sie hören möchten, ohne es selbst als real abzukaufen. Spiele mit den Bewer- tungen der Menschen über dich, anstatt dich dagegen zu wehren.

Überall, wo du dich selbst als Versager definiert hast, zerstörst und unkreierst du das jetzt? Danke.

Right and wrong, good and bad, pod and poc, all 9, shorts, boys and beyonds.®

Hast du, als du jung warst, beschlossen, dass du ein Versager warst, weil du deine Eltern nicht retten konntest? Haben sie sich je etwas anderes als ihr Elend gewünscht?

All das geht weiter, wenn du älter wirst. Du schaust nach Leuten, die deinen Eltern ähnlich sind und die du auch retten möchtest. Viele Menschen suchen bei einem Liebespartner nach diesen Ei- genschaften; sie machen ihre Beziehungen zu Restaurationsprojek- ten. Eine Frau möchte dann möglicherweise einen Mann, den sie in Ordnung bringen kann, anstatt einen Mann, mit dem sie Spaß haben kann. Diese Verrücktheit passiert so lange, bis du dir bewusst bist, was du wählst – und bewusst eine andere Wahl triffst.

Das nächste Mal, bevor du jemanden rettest, frage die Person, ob sie an etwas anderem interessiert ist. Anstatt denjenigen zu retten, inspiriere ihn zu etwas Großartigerem, indem du die Großartigkeit bist, die du bist.

Ist es jetzt an der Zeit, davon abzulassen, darauf zu warten, geli- ebt zu werden, und deine wahre Genialität zu empfangen?

SECHS

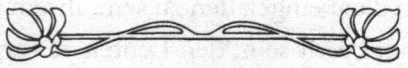

Wenn mein Prinz oder
meine Prinzessin kommt

Was ist dein Märchenleben? Wer ist Teil davon? Welche Rolle hat er? Welche Rolle spielst du? Wie alt warst du, als du dieses Märchen geschaffen hast?

Die Leute kreieren ständig Märchen. Das ist, was wir machen. Diese Märchen sind Geschichten, die wir uns darüber erzählen, wie unser ideales Leben aussieht. So dachte sich zum Beispiel eine Freundin von mir, die mit etwa zehn Jahren ihre Mutter verlor, eine Fantasie darüber aus, wie ihr Leben in der Zukunft sein würde. Die Abwesenheit ihrer Mutter bestimmte den ganzen weiteren Verlauf ihres Lebens. Wenn jemand einen Elternteil verliert, kann sein Märchen zum Rettungsboot werden – das, woran er sich festhält, um ein Gespür für sich selbst zu bewahren.

Als meine Freundin älter wurde, blieb ihre Fantasie immer noch eine mächtige Kraft – immer noch die Sache, nach der sie suchte – bis sie merkte, was für eine Begrenzung das war. Sie erkannte, dass sie nicht die Chance hatte, mit dem präsent zu sein, was ist, sondern immer nur dem Märchen hinterherjagte, dass eines Tages alles gut werden würde. Sie merkte, dass die Fantasien der Zukunft sie davon abhielten, das Jetzt zu empfangen. Sie hatte viele freundliche Menschen in ihrem Umfeld, konnte sie jedoch nicht empfangen, weil sie in der Zukunft lebte und immer auf etwas Besseres hoffte.

Wenn du auf etwas Besseres in der Zukunft hoffst, bewertest du automatisch *das, was jetzt ist, als nicht gut genug*. Stelle dir einen Cartoon vor, in dem ein Hase eine Mohrrübe vor der Nase baumeln hat und sie ständig jagt, ohne sie je zu erreichen. Genau das tust du, wenn du ein Märchen hast: Du läufst hinterher und läufst hinterher und erreichst es nie. Dabei verpasst du, was direkt vor dir ist, was gut für dich sein könnte – sogar noch großartiger als die Fantasie.

Meine Freundin begriff schließlich, dass der Verlust ihrer Mutter in jungen Jahren sie nicht zu einem Opfer der Vergangenheit machte, sondern zu einer sehr starken Person in der Gegenwart. Sie erkannte, dass sie die Möglichkeit hat, ihre Zukunft auf jede Art zu gestalten, die sie möchte. Um zu erkennen, dass dies wahr war, musste sie den Alptraum loslassen, dass sie ganz alleine war und ihr jemand weggenommen wurde. Wahr war, dass ihre Mutter wählte zu gehen und meine Freundin immer den Mut und die Stärke hatte, weiterzugehen und ihre Realität zu erschaffen.

Wenn du erkennst, dass Menschen wählen zu gehen, anstatt zu versuchen zu verstehen, warum sie das tun, erlaubt dir, weiterzugehen. Es ermöglicht dir zu wissen, was du weißt, anstatt auf das zu reagieren, was dir präsentiert wird.

Wenn du eine Lüge über dich selbst abkaufst, wirst du dich immer fragen, warum sich das Elend in deinem Leben nicht verändert. Eine Lüge ist eine Lüge; sie wird sich nie verändern. Wenn du die Tür dazu öffnest zu sehen, was tatsächlich vor sich geht – wenn du siehst, dass du dich hinter den Lügen und Begrenzungen versteckst – wirst du überrascht sein, was du über dich selbst erfährst.

**Welche Lügen über dich hast du
abgekauft, die dich begrenzen?
Alles, was das ist, zerstörst und
unkreierst du das jetzt? Danke.**

**Right and wrong, good and bad, pod and
poc, all 9, shorts, boys and beyonds.®**

WIRD DEIN PRINZ KOMMEN?

Wie oft hast du eine Ansicht im Hinterkopf gehabt? „Eines Tages
wird mein Prinz kommen." „Eines Tages werden mich meine Eltern
sehen, wie ich bin." Dies sind Fantasien, an die wir immer weiter
glauben. Die meisten Eltern sind nicht daran interessiert, wer ihre
Kinder wirklich sind; sie möchten, dass sie auf eine bestimmte Weise
sind und sind nur daran interessiert, das zu sehen. Wenn deine
Eltern anders sind, hast du viel Glück. Du musst fragen: „Wahrheit,
sind meine Eltern wirklich daran interessiert, dass ich bin, wer ich
wirklich bin?"

Anstatt darauf zu hoffen, deine Fantasien erfüllt zu bekommen,
kannst du die Erwartung hinter dir lassen, dass sie etwas für dich
sein werden, was sie nie sein werden. Suchst du immer noch nach
der Zustimmung deiner Eltern? Die Zustimmung anderer zu erlangen, hat einen hohen Preis: Du musst alles an dir abschneiden, das
nicht in die Welt der anderen Person passt. Du machst Hackfleisch
aus dir. Klingt das nach Spaß?

„Eines Tages wird mich jemand so sehen, wie ich bin, und mich
verstehen." Funktioniert diese Ansicht wirklich für dich?

**Überall, wo du dies zu deinem Betriebszustand
gemacht hast, von dem aus du funktionierst,
zerstörst und unkreierst du das bitte? Danke.**

**Right and wrong, good and bad, pod and
poc, all 9, shorts, boys and beyonds.®**

Fantasien sind verlockend. Der Glauben an Fantasien *scheint* das
Leben interessanter zu machen. Aber stimmt das wirklich? Oder
nehmen Fantasien dir deine Fähigkeit, all die wunderbaren Dinge
um dich herum zu empfangen? Deine Ansicht kreiert deine Realität. Wenn du beschlossen hast, dass die Welt schlecht und hässlich
ist, ist das alles, was du sehen kannst. Deine Ansicht ist so, als ob du
eine Brille trägst. Wenn du die „Alles ist hässlich"-Brille trägst, ist
alles, was du siehst, hässlich.

Du erschaffst die Fantasie, dass, wenn du die richtige Person
triffst, im Lotto gewinnst oder einfach nur lange genug wartest
. . . was auch immer du beschlossen hast, dann alles wahr werden
und sich zeigen wird – nur funktioniert das nie. All die „wenn . . .
dann" in deinem Leben sind Fantasien, die du erschaffst. Sie sind
Reaktionen auf deine Ansicht, dass das, was gerade jetzt geschieht,
schlecht oder hässlich oder nicht gut genug ist.

Was, wenn du deine Ansicht loslässt? Jedes Mal, wenn du dich
dabei ertappst, dass du eine Ansicht hast, sage zu dir selbst: „Interessante Ansicht. Ich habe diese Ansicht." Sage es wieder und wieder.
Ist die Ansicht immer noch gleich schwer? Mache das, bis du merkst,
dass deine Ansicht nicht mehr schwer ist. Vielleicht fängst du sogar
an zu lachen, wenn du merkst, wie lustig es ist, überhaupt eine Ansicht zu haben.

**Was hast du so lebensnotwendig am Glauben gemacht,
das dich davon abhält, deine Realität zu erschaffen?**

**Alles, was das ist, zerstörst und
unkreierst du das jetzt? Danke.**

**Right and wrong, good and bad, pod and
poc, all 9, shorts, boys and beyonds.®**

An etwas zu glauben, kann eine Falle sein. Glauben ist, wo du dich selbst zugunsten dessen aufgeben musst, woran du glaubst. Wenn du glaubst, bist du nie in deinem Leben mit einbezogen. Dein Glaube übernimmt und bestimmt dein Leben. Du gehst davon aus, dass die Quelle der Veränderung der- oder dasjenige ist, woran du glaubst, anstatt du selbst. Wie funktioniert das für dich? Es erscheint bequem. Du hast immer eine Ausrede dafür, warum du nicht das Leben kreieren kannst, du das gerne hättest. Wenn du die Ansicht hast, dass das, woran du glaubst, die Quelle der Veränderung ist, bist du nicht in deinem Leben mit einbezogen. Wie kannst du jemals etwas verändern? Wenn du glaubst, dass ein Mann, eine Frau, viel Geld oder eine andere Art von Körper dein Leben verändern würde, machst du dich selbst zum Sklaven dieser Überzeugungen. Du hast zunächst einmal beschlossen, dass *diese Sache* sich ändern muss, bevor du glücklich sein kannst.

**Wirst du je die Veränderung empfangen
können, die für dich möglich ist?**

Viele Menschen haben Überzeugungen und Glaubenssätze von ihren Familien übernommen. Anstatt Geld zu erben, erben sie Glaubenssätze und Fantasien von ihren Eltern. Welche Überzeugungen hast du von deinen Eltern oder anderen Familienmitgliedern übernommen? Könnte das mehr sein, als du dir bewusst bist oder mehr, als du dir gerne bewusst wärst?

Ein Klient in den Vierzigern erzählte mir, dass seine Eltern ihn glauben machten, dass, wenn er ein perfektes Erscheinungsbild hätte – wenn er saubere Kleidung trägt und auf eine bestimmte Weise spricht und sich an die Bewertungen der Menschen um ihn herum anpasst – die anderen seinen Wert sehen würden. Dies bewirkte eine ständige Sorge in ihm, ob sein Erscheinungsbild und was er sagte, perfekt genug war. Die Sorge und der Stress, die dadurch verursacht wurden, waren so intensiv, dass er eine Dickdarmentzündung entwickelte, an der er jahrelang litt. Er war ständig gestresst wegen dem, wie andere ihn sahen, was sie von ihm dachten, ob er genug Geld verdiente und ob sein Job gut genug sei. Er ertrank in der ständigen Bewertung darüber, ob er den Standards seiner Eltern entsprach.

Ich fragte ihn, ob ihm diese Energie vertraut sei. Er sagte: „Ja, so ist meine Mutter. Sie macht sich ständig Sorgen, ob alles perfekt genug ist, und ist sehr gestresst deswegen, und ich habe mir das zu eigen gemacht." So läuft es ab, wen man mit einer bestimmten Energie um sich herum aufwächst: Irgendwann vergisst man, dass es nicht die eigene ist – und doch macht man sie sich zu eigen.

Nachdem er das so viele Jahre gemacht hatte, wusste er noch nicht einmal, dass es die Standards seiner Eltern waren und nicht seine, die sein Leben bestimmten. Ich fragte ihn: „Wessen Leben lebst du? Wer bist du, wenn du dich um deinen Wert sorgst?" Er antwortete mit einem verblüfften Gesichtsausdruck: „Nicht ich." Nur, weil es vertraut ist, bedeutet das nicht, dass es zu dir gehört. Du musst dir dessen bewusst werden und aufhören zu versuchen, etwas daran zu ändern. Wenn du einfach schon anerkennst, dass es nicht deins ist, wird es leichter in deiner Welt.

Wenn du als Kind umgeben von Traurigkeit und Depression aufgewachsen bist, hattest du wahrscheinlich die Ansicht, dass niemand, ganz besonders deine Eltern, unglücklich sein sollte. Du hast wahrscheinlich alles getan, was du konntest, um sie glücklich zu machen. So wenden die meisten Menschen ihre Fürsorge an: Sie möchten andere Menschen glücklich machen. Hast du versucht, deine Eltern glücklich zu machen? Versuchst du immer noch, sie glücklich zu machen? Kannst *du* glücklich sei, wenn du versuchst, andere glücklich zu machen?

Das Problem ist Folgendes: Du musst ihr Unglücklichsein als real ansehen, um zu versuchen, etwas daran zu ändern. Was wäre, wenn ihr Unglücklichsein eine Wahl wäre statt einer Realität? Wenn du erkennst, dass Menschen ihr Unglücklichsein wählen, merkst du, dass es nur eine Wahl ist.

Menschen wählen, was sie wählen, und es gibt keinen logischen Grund dafür. Wenn du versuchst, es logisch zu machen und zu verstehen, musst du in die Welt der anderen Person hineingehen und ihr Kostüm des Irrsinns anprobieren, um zu sehen, warum sie es trägt. Damit machst du es zu deinem eigenen. Du stehst dann mit ihrem Irrsinn da.

Wenn du versuchst zu verstehen, warum es so ist, wie es ist, wirst du nie frei sein. Du wirst deine Umgebung nachahmen im Versuch, sie zu verstehen. Es gibt einen Begriff dafür: „biomimetische Nachahmung". Das ist, wenn du das Gefühl hast, nicht du selbst zu sein. Du gehst in jemand anderes Welt und machst das, was derjenige wählt, wertvoll. Du versuchst es zu verstehen und machst es dir dadurch zu eigen. Du bist in der Welt der anderen Person gefangen.

Was hast du so lebensnotwendig daran gemacht, die Verrücktheiten dieser Realität zu besitzen, was dich dazu bringt, andere immer weiter biomimetisch nachzuahmen?

Alles, was das ist, zerstörst und unkreierst du das jetzt? Danke.

Right and wrong, good and bad, pod and poc, all 9, shorts, boys and beyonds.®

Um damit zu beginnen, dies aufzulösen, lasse den oben genannten Prozess laufen und wende ihn dann auf deine Familienmitglieder an. Setze den Namen eines Familienmitglieds in der Leerstelle im folgenden Clearing Statement ein:

Überall, wo ich . . . . biomimetisch nachahme und in meinen Körper einschließe, zerstöre und unkreiere ich das.

Right and wrong, good and bad, pod and poc, all 9, shorts, boys and beyonds.®

Wie sehr hast du das mit deinen Eltern gemacht, als du auf-
wuchst? Die meisten jungen Menschen denken, sie haben keine
Wahl, außer wie ihre Mutter oder ihr Vater zu sein. Sie sperren sich
natürlich dagegen und sagen: „Ich möchte nicht wie meine Mutter
sein." Und dann werden sie es.

Alles, wogegen du dich wehrst, wirst du. Du bist dir der Welt
deiner Eltern und allem, was sie als real ansehen, so sehr gewahr,
dass du, anstatt zu fragen: „Was ist meine Realität?", ihre Realität zu
deiner Realität machst. Der Keine-Wahl-Horrorfilm beginnt.

Teenager widersetzen sich, richtig? Sie denken, wenn sie sich
genug weigern, wie ihre Eltern zu sein, werden sie vermeiden, zu
ihnen zu werden. Widerstand wird ihr bester Freund – gemeinsam
mit den Hoffnungen, die Freiheit zu erlangen, nach der sie suchen.
Dich gegen andere zu wehren und zu kämpfen, gibt dir jedoch nie
die Freiheit, die du gerne hättest. Wenn du meinst, du musst gegen
etwas kämpfen oder im Widerstand sein, hast du bereits beschlossen, dass du das Opfer genau dieser Sache oder Person bist, gegen
die du kämpfst. Was wird das kreieren? Noch mehr Opferdenken
und Kampf.

Was wäre, wenn es nichts und niemanden gäbe, gegen den du
kämpfen müsstest? Ich praktiziere dies jeden Tag. Was immer ich
beschlossen habe, nicht in meinem Leben zu wollen – zum Beispiel
gemeine oder nervige Leute – sage ich zu mir:

**Überall, wo ich selbst das gewesen bin, das
zerstöre und unkreiere ich jetzt.**

**Right and wrong, good and bad, pod and
poc, all 9, shorts, boys and beyonds.®**

Wenn ich es nicht irgendwann einmal selbst gewesen wäre,
würde ich mich jetzt nicht dagegen wehren. Mit diesem Verständ-
nis kann ich meinen Widerstand loslassen. Die andere Sache, die ich
tue, ist, bewusst meine Barrieren zu senken und genau die Energie

zu empfangen, gegen die ich gerade versucht habe, mich zu wehren.

Ich frage: „Welches Geschenk ist das für mich, das ich nicht anerkannt habe?"

Dies wirkt wie ein Zaubertrick bei Familien. Alle erwarten die perfekte Familie – wenn du eines dieser wunderbaren Familienessen nimmst, wo alle so liebevoll zueinander sind und niemand sich streitet – was sich aber zeigt, ist leider das Gegenteil. Willkommen zum Irrsinn dieser Realität!

Wenn du dasitzt und denkst, du kannst nicht noch genervter werden, wende diese Werkzeuge an und schau, was sich zeigt. Frage: „Welches Geschenk ist das für mich, das ich nicht anerkannt habe?" Dies erfordert, dass du wirklich bereit bist, eine andere Möglichkeit in Betracht zu ziehen.

Wenn du es liebst, von deiner Familie genervt zu sein, kannst du Clearing Statements wiederholen, bis du schwarz wirst, doch es wird nicht funktionieren. Manche Menschen lieben es, genervt zu sein. Das lässt sie richtig dastehen mit ihrer Ansicht über die Menschen um sie herum. Das ist auch in Ordnung. Sei nur ehrlich zu dir: Was strebst du an? Das Genervtsein zu genießen oder darüber hinwegzukommen?

Bemerke, dass, egal, was du wählst, nichts falsch ist. Es ist einfach nur eine Wahl. Wenn du nichts, was du wählst, mehr falsch machst, merkst du plötzlich, wie viel mehr Wahl du hast.

Wenn du deine Eltern nicht mehr falsch machst, hast du plötzlich die Wahl, so wie sie zu sein oder nicht. Wenn du erkennst, dass du nicht deine Eltern bist – dass *du du* bist – hast du sogar noch mehr Wahl.

Wenn du deine Bewertungen loslässt, die positiven wie die negativen, kannst du Fragen stellen und dir gewahr sein, wie die Welt deiner Eltern für dich funktioniert. Alles, von dem du beschlossen hast, es sei schrecklich und hässlich an deinen Eltern, und alles, von dem du beschlossen hast, es sei gut und perfekt an deinen Eltern, kannst du nun beginnen, zu empfangen.

Das Empfangen ist hier das Schlüsselelement: Wenn du irgendeine Bewertung hast, verringerst du deine Fähigkeit, irgendetwas zu empfangen, das nicht zu dieser Bewertung passt. Du verringerst die Möglichkeiten, die in dein Leben kommen.

Als ich jung war und meine Mutter und ich Shoppen gingen, sagte sie es, wenn die Art, wie sie im Geschäft behandelt wurde oder die Ware ihr nicht gefiel. Ich wollte jedes Mal im Erdboden versinken, wenn sie das machte. Es war mir so peinlich.

Viele Jahre später fragte ich mich, welche Art von Bewertung ich über das Verhalten meiner Mutter hatte, und alles Mögliche kam hoch. Ich wurde mir all der Bereiche bewusst, wo ich nicht bereit war, etwas zu sein. Ich merkte, dass, indem ich mich gegen das wehrte, was sie beim gemeinsamen Shoppen war, es so viele Möglichkeiten gab, die ich aus meinen Universum ausgeschlossen hatte. Für mich war es ungemein wichtig geworden, nie offen auszusprechen, wenn es etwas gab, das mir nicht gefiel – nur nett zu den Leuten zu sein, als eine Art, mich dagegen zu wehren zu sein, von dem ich beschlossen hatte, es nicht sein zu wollen.

Um absolute Wahl zu haben, musst du bereit sein, alles zu sein. Jetzt bin ich dankbar für meine Mutter. Sie zeigte mir etwas, das ich nicht bereit war zu sein. Das zu empfangen und es Teil meiner Welt sein zu lassen, hat mein Leben erweitert. Wenn ich nun zum Beispiel reise und in ein Hotel mit einem Zimmer komme, das mir nicht gefällt, erlaube ich mir, dies zu sagen und um ein anderes Zimmer zu bitten. Da ich keine Ansicht darüber habe, dass das nicht nett oder zu viel ist, bekomme ich jedes Mal hervorragenden Service und genieße meine Aufenthalte in großartigen Zimmern. Es ist Freundlichkeit dir selbst gegenüber, dir zu erlauben, alles zu sein, was die jeweilige Situation von dir erfordert.

Was hast du beschlossen, nicht sein zu können
und sein zu wollen, das, wenn du es wärst,
deine gesamte Welt erweitern würde?

Alles, was das ist, zerstörst und
unkreierst du das jetzt? Danke.

Right and wrong, good and bad, pod and
poc, all 9, shorts, boys and beyonds.®

Welches Geschenk sind deine Eltern, das du nicht anerkannt
hast? Was, wenn es nicht darum ginge, dass sie richtig oder falsch
liegen oder gut oder schlecht sind? Die meisten Leute haben die
Ansicht, ein Elternteil ist besser als der andere. Diese Ansicht lässt
nicht viel Raum für Wahl; du empfängst dann nur von einem Elternteil. Wenn du von ihnen empfängst, ohne zu entscheiden, ob sie
gut oder schlecht sind, kannst du dich empfangen. Solange du dich
gegen andere wehrst, wehrst du dich gegen dich selbst.

Als eine Freundin von mir klein war, verließ ihr Vater sie und
ihre Mutter. Für meine Freundin fühlte es sich so an, als liebte ihr
Vater sie nicht, und sie nahm dieses Gefühl in ihre Beziehungen als
Erwachsene mit. Sie suchte nach jemanden, der sie lieben und diese
Leere ausfüllen sollte. Sie war ständig auf der Suche nach genug
Liebe.

Eine andere Freundin hatte eine interessante Perspektive zu
dem abwesenden Vater: „Was für ein Glück sie hat, dass ihr Vater
sie verlassen hat", meinte sie. „Sei dankbar für die Menschen, die
dich verlassen. Was, wenn die Leere, die du fühlst, weil du verlassen
wurdest, keine Leere wäre, sondern Raum, um du selbst zu sein?
Jetzt kann sie ihren Vater und wer er ist, empfangen und keine Ansicht haben, dass er anders sein sollte." Das hat ihr ganzes Leben
umgedreht und verändert.

Was wäre, wenn du genau jetzt anfingst, eben die Sache,
die Person oder die Energie zu empfangen, gegen
die du dich dein ganzes Leben lang gewehrt, die du
vermieden oder vermisst hast? Was würde das ändern?

Wirklich alles kann dir ein Beitrag sein, wenn du bereit und freundlich genug zu dir selbst bist, das zu empfangen. Sogar gemeine Leute. Welcher Beitrag sind sie? Nun, du bist vielleicht dankbar dafür, wie anders du bist. Vielleicht erinnern sie dich an etwas, das du nicht anerkannt hast – die Freundlichkeit, die du bist.

Welches Geschenk sind deine Eltern, das du nie anerkannt hast? Was wissen sie und worin sind sie gut, das du für dich nutzen könntest?

Mein Vater ist großartig darin, mit gemeinen Leuten umzugehen. Er hat einen Sinn für Humor, der es ihm ermöglicht, mit allen Spaß zu haben. Wie er mit bewertenden Leuten spricht, ist so lustig. Er schafft es, dass sie sich in ihren eigenen Bewertungen verstricken. Meistens gehen sie lachend weg, manchmal merken sie, wie bewertend sie waren, und manchmal sind sie einfach verwirrt darüber, was gerade passiert ist. Er verändert die Menschen, indem er keine Ansicht darüber hat, dass sie gemein sind. Er hat Spaß mit ihnen.

Worin sind deine Eltern gut? Wenn du diese Frage stellst, werden dir vielleicht Dinge bewusst, die du nicht bemerkt hattest, weil du zu sehr damit beschäftigt warst, sie zu bewerten. Worin bist du gut, was du nicht bemerkt hast, weil du zu beschäftigt damit warst, dich zu bewerten?

Wenn du anfängst, diese Fragen zu stellen, erweiterst du dein Gewahrsein und findest heraus, was für dich funktioniert und was nicht. Das hilft dir dabei, ein Leben zu kreieren, das dich einschließt, anstatt ein Leben, das anderen passt.

Denke daran, dass die Leute versuchen, die Märchenversion ihres Lebens zu erschaffen: „Wenn ich den/die perfekte/n . . . finden könnte, dann werde ich glücklich sein." So viele Menschen leiden an diesem Irrsinn; sie beherrschen ihn in Perfektion. Es ist der ständige Zustand, nach etwas oder jemandem zu suchen, als ob diese Sache oder diese Person außerhalb von einem alles verändern wird. Eine

Freundin von mir sucht nach ihrem Märchenprinzen – schon ihr ganzes Leben lang. Dies hat bei ihr zu vielen Depressionsphasen geführt, weil sie dann die Ansicht einnahm, sie sei eine Versagerin, dass sie es nicht geschafft hatte.

Märchen sind Hoffnungen und Träume – die *Vorstellung*, die *Bilder* – die Menschen in die Zukunft projizieren, die ihnen zeigen, wie das Leben aussehen sollte. Wenn sie zu dieser Zukunft gelangen und ihr Leben nicht so aussieht, wie sie bewertet haben, dass es aussehen sollte, bewerten sie sich selbst als gescheitert. Kommt dir das bekannt vor?

Bewertungen sind schädlich für dich und deinen Körper. Probiere es aus. Sage dir selbst etwas Gemeines und nimm die Energie davon wahr. Bemerke, wie es deinem Körper geht, wenn du dich selbst bewertest. Wie ist deine Körperhaltung? Nun sage etwas Dankbares über dich und etwas, was du heute gewählt hast. Nimm die Energie davon wahr. Ist sie anders?

Bei Bewertungen gibt es keinen Ausschalter – nur Wahl. Wenn du dir dessen, was du kreierst, wenn du dich selbst bewertest, mehr und mehr bewusst wirst, fängst du an zu verstehen, dass du Wahl hast. Du kannst in den Kaninchenbau der Bewertungen vordringen oder dir sagen: „Ach was, ich bin jetzt nett zu mir." Ich liebe es, dass Tiere keine Bewertungen in ihrer Welt haben. Wenn sie keine Lust haben, in deiner Nähe zu sein, gehen sie einfach weg. Sie haben nicht das Bedürfnis dir zu sagen, wie schlecht du bist. Was wäre, wenn du diese Leichtigkeit mit dir selbst hättest?

Wie viele Märchen und Hoffnungen und Träume hast du vor dem Alter von zwei Jahren von deiner Familie abgekauft?

Alles, was das ist, zerstörst und unkreierst du das jetzt? Danke.

Right and wrong, good and bad, pod and
poc, all 9, shorts, boys and beyonds.®

Wie viele Märchen und Hoffnungen und
Träume hast du im Alter von zwei bis sechs
Jahren von deiner Familie abgekauft?

Alles, was das ist, zerstörst und
unkreierst du das jetzt? Danke.

Right and wrong, good and bad, pod and
poc, all 9, shorts, boys and beyonds.®

Wie viele Märchen und Hoffnungen und
Träume hast du im Alter von sechs bis zehn
Jahren von deiner Familie abgekauft?

Alles, was das ist, zerstörst und
unkreierst du das jetzt? Danke.

Right and wrong, good and bad, pod and
poc, all 9, shorts, boys and beyonds.®

Wie viele Märchen und Hoffnungen und
Träume hast du im Alter von zehn bis vierzehn
Jahren von deiner Familie abgekauft?

Alles, was das ist, zerstörst und
unkreierst du das jetzt? Danke.

Right and wrong, good and bad, pod and
poc, all 9, shorts, boys and beyonds.®

Wie viele Märchen und Hoffnungen und Träume
hast du im Alter von vierzehn bis zwanzig
Jahren von deiner Familie abgekauft?

Alles, was das ist, zerstörst und
unkreierst du das jetzt? Danke.

Right and wrong, good and bad, pod and
poc, all 9, shorts, boys and beyonds.®

Wie viele Märchen und Hoffnungen und
Träume hast du ab dem Alter von zwanzig
Jahren von deiner Familie abgekauft?

Alles, was das ist, zerstörst und
unkreierst du das jetzt? Danke.

Right and wrong, good and bad, pod and
poc, all 9, shorts, boys and beyonds.®

Märchen sind die utopischen Ideale, von denen du beschlossen
hast, sie sollten dein Leben sein. Sie sind Bewertungen, die nichts
mit dem zu tun haben, was wirklich möglich ist. Was wäre, wenn
das, was wirklich für dich möglich ist, viel großartiger ist als deine
Fantasien und deine Ideale?

Wir benutzen eine Art Visualisierung, um unsere Märchen real
zu machen: Die Vorstellung besteht darin, dass du visualisierst, was
du im Leben möchtest, und wenn du es visualisierst, wirst du es
manifestieren. Nun, genau da beginnt die Bewertung. Mit dieser
Ansicht kannst du nur gemäß der Vorstellungskraft deines Hirns
etwas kreieren und nicht darüber hinaus; du kannst nur kreieren,
was du bereits beschlossen hast, dass möglich ist, und nicht mehr.
Wenn du beschlossen hast, dass dein Traumleben den Prinzen oder
die Prinzessin deiner Träume und ein Haus und einen Hund und
einen Volvo beinhaltet, dann ist dies, was du als die Gesamtsumme
deines Lebens festgelegt hast.

Ist das genug für dich? Oder weißt du, dass du gerne mehr kreieren würdest? Was wäre, wenn du nicht die Antwort darauf haben
musst, wie das Mehr aussehen sollte? Was wäre, wenn du glücklich

mit dem Wissen sein könntest, dass mehr möglich ist, und ein Gewahrsein von der Energie haben könntest, was das ist, und das Universum dazu beitragen lassen könntest, dies tatsächlich umzusetzen?

Welche Energie, welcher Raum und welches Bewusstsein können du und dein Körper sein, die erlauben, dass das, was du dir wirklich wünschst, mit absoluter Leichtigkeit in Erfüllung geht?

Alles, was dem nicht erlaubt, sich zu zeigen, zerstörst und unkreierst du das bitte? Danke.

Right and wrong, good and bad, pod and poc, all 9, shorts, boys and beyonds.®

Jede Fantasie ist eine Schlussfolgerung, die den Möglichkeiten im Weg steht. Du ziehst die Bremse beim Erschaffen deines Lebens. Es liegt an dir – du kannst deine Fantasien real machen oder fragen: „Was ist sonst wirklich noch möglich, das dies noch großartiger machen würde?"

SIEBEN

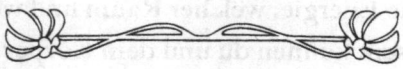

Wessen Leben lebst du?

*H*ast du dich je gefragt, was du dir wirklich im Leben wünschst? Das haben die meisten Menschen nicht getan. Sie funktionieren auf Autopilot und erschaffen ihr Leben so, wie sie es andere haben tun sehen. In dieser Realität geht es nur darum, die richtigen Wahlen zu treffen und die falschen Wahlen zu vermeiden. Wie oft hast du die Ansicht, dich zwischen zwei Optionen entscheiden zu müssen und machst dich selbst verrückt beim Versuch herauszubekommen, welche die richtige ist? Unendlich viele Klienten haben genau dieses Szenario beschrieben. „Sollte ich in dieser Stadt leben oder einer anderen?" „Sollte ich mich von meinem Mann scheiden lassen oder nicht?"

Wir haben gelernt, unser Leben auf zwei Optionen zu begrenzen, weil mehr uns überfordern würde. Stimmt das wirklich? Ich habe entdeckt, dass ich gerne ein ganzes Buffet zur Auswahl habe. Ich kann ein wenig davon wählen, ein bisschen hiervon, und das wird zusammen zu einer neuen Kreation. Das tue ich in allen Bereichen meines Lebens. Warum solltest du dir selbst die Köstlichkeit der Wahl versagen?

Ich habe einen Freund, der ein Möbelgeschäft besitzt, und ich fragte ihn, wie seine Kunden Möbelstücke auswählen, die sie kaufen möchten. Er meinte: „Ich schaue sie mir an, stelle ihnen Fragen, finde heraus, wie sie ticken und dann gebe ich ihnen zwei oder drei Varianten. Und dann, wenn es ein Pärchen ist, entscheidet die Frau. Der Mann ist froh, so schnell wie möglich aus dem Laden zu kommen." Das fand ich sehr lustig.

Genau so gestalten die Menschen ihr Leben. Sie wollen die superleichte Diätversion von Wahl. Gib mir zwei Optionen, damit ich das Risiko, eine falsche Wahl zu treffen, so stark wie möglich minimieren kann. Was wäre, wenn es keine falschen Wahlen gibt? Und was wäre, wenn es nicht darum geht, irgendetwas zu minimieren?

Wessen Leben lebst du, wenn du versuchst, alles richtig zu machen und zu vermeiden, falsch zu liegen?

Hast du als Kind die Ansicht gehabt, du solltest Wahl vermeiden? Schau dir kleine Kinder an. Sie sind die neugierigsten, abenteuerlustigsten Kreature. Falsch gibt es nicht in ihrer Welt. Bald jedoch kaufen sie die Richtigkeit und Falschheit dieser Welt ab und machen sie real.

„Willkommen zu dieser Realität, Jungs und Mädels! Begrenzungen gibt es dauerhaft ermäßigt und wenn ihr jetzt zuschlagt, könnt ihr sie mit einer lebenslangen Garantie bekommen."

Was wäre, wenn du jetzt all den Mist und die Begrenzungen, die du jemals in deinem Leben abgekauft hast, *auflöst*?

Wenn du meinst, du kannst etwas nicht tun oder hast nicht, was es braucht, um das hinzubekommen, lass dir von einem Freund sagen, dass du es nicht kannst und darfst. Was geschieht, wenn uns jemand sagt, dass wir etwas nicht tun dürfen? Wir machen es erst recht. Schau, wie schnell du die Sache tust, von der du dachtest, du könntest sie nicht – nur aus Trotz gegenüber deinem Freund, der dir das Gegenteil gesagt hat. Dies ist eine nützliche Selbstmanipulation, die wie ein Zauber wirkt!

IN DEINE ZUKUNFT HINEINSTOLPERN

Wenn du sicherstellst, dass du das Leben lebst, das man von dir erwartet, stolperst du in deine Zukunft. Viele Menschen tun das mit ihren Beziehungen und ihren Jobs. Nach einer Weile werden diese Sachen zur Gewohnheit und die Leute denken: „Na ja, immerhin habe ich einen Job und eine Beziehung. Auch, wenn ich sie hasse, immerhin habe ich sie." Willkommen zum Irrsinn dieser Welt!

Eine Klientin erzählte mir, sie sei überrascht, wie sich ihr Leben entwickelt hatte. In ihren Zwanzigern war sie glücklich – unabhängig, toll in ihrem Job und am Anfang einer vielversprechenden Karriere. Dann traf sie ihren Ehemann. Sie bekamen Kinder. Sie erzählte mir, dass sie eines Tages aufwachte und überrascht war, dass sie einen Mann und zwei Kinder hatte. Sie sagte: „Ich wollte eigentlich nie einen Mann oder Kinder." Wie war das passiert?

Ich fragte sie: „Bist du in deine Zukunft hineingestolpert, anstatt sie zu kreieren?" Sie schaute mich an und sagte: „Ohhh, genau das ist es . . . Ja." Ich sagte: „Wie cool, dass du das jetzt herausfindest." Sie sagte: „Ja, ich hätte das mein ganzes Leben lang nicht mitbekommen und weiter mit Scheuklappen herumlaufen können." Was für eine tolle Perspektive sie hat!

Wenn du dein Leben kreierst, ohne dir gewahr zu sein, was du tust, neigst du dazu, in deine Zukunft hineinzustolpern. Du überlässt dem Leben die Zügel, anstatt sie selbst zu führen.

Wärst du bereit, auf das Rennpferd aufzuspringen, dass sich dein Leben nennt, und derjenige zu sein, der die Zügel führt?

Wie sehr bist du dir gewahr, was andere von dir erwarten? Mehr, als du dir selbst je eingestanden hast? Ohne anzuerkennen, wie bewusst du dir bist, was andere von dir erwarten, fängst du an, automatisch zu liefern. Du versäumst zu fragen, ob du wirklich liefern *möchtest*. Wenn du nicht fragst, was du dir wünschst, schließt du dich selbst nicht in dein Leben mit ein. Bist du einer der Menschen, die sich selbst nicht miteinbeziehen? Bist du jemand, der sich gegen sich selbst verschuldet?

> **Überall, wo du dich selbst zu jemandem gemacht hast, der sich gegen sich selbst verschuldet und beschlossen hast, das ist eine wirklich gute Idee, zerstörst und unkreierst du das alles jetzt? Danke.**
> **Right and wrong, good and bad, pod and poc, all 9, shorts, boys and beyonds.®**

Sicherzustellen, dass du tust, was andere von dir möchten, ist eine tolle Art, das Leben anderer Menschen zu leben und niemals herauszufinden, was *deine* Realität ist.

Wann immer du jemanden oder etwas wichtig machst, wirst du zum Sklaven ihrer Wahlen. Du lebst ihr Leben und nicht deines. Was sind die Standards deiner Familie für ein Leben, das gut und richtig ist? Machst du diese Standards lebensnotwendig für dich? Machst du jemanden oder etwas so wichtig, dass du denkst, du wirst dich selbst verlieren, wenn du das aufgibst? Wenn du die Standards deiner Eltern lebensnotwendig für dich machst, denkst du, du verlierst dich selbst und wer du bist und wer du in Bezug auf sie bist, wenn du sie aufgibst.

> **Wen oder was machst du wertvoller als dich selbst?**
> **Andere Menschen und was sie von dir brauchen?**

Als ich meinen Schulabschluss machte, hatte ich keine Ahnung, was ich als Nächstes tun wollte. Ich wusste nur, dass ich mein Leben genießen und Abenteuer erleben wollte. Natürlich gilt das nicht als Job in unserer Welt. Weil ich meine Werte von Spaßhaben und Abenteuererleben nicht wertschätzte, übernahm ich die Ansicht meiner Eltern darüber, was ich tun sollte. Sie hielten es für eine hervorragende Idee, dass ich auf Lehramt studieren sollte – dann würde ich viel Freizeit haben, um einen Mann und Kinder zu haben, und sie könnten es genießen, Großeltern zu sein.

Weil ich überhaupt nicht daran gewöhnt war, mich selbst zu fragen, was ich mir vom Leben wünschte, hörte ich auf den Rat meiner Eltern und begann auf Lehramt zu studieren. Das dauerte nicht lange an. Ich ergriff die allererste Gelegenheit, ein Abenteuer zu erleben, als uns angeboten wurde, in einem anderen Land zu studieren. Sie gaben uns drei Länder zur Auswahl und ich wählte Schweden, das Land, in dem ich noch nicht gewesen war.

Meine Eltern fanden das großartig, bis ich ihnen von meiner Absicht erzählte, mit dem Lehramtsstudium aufzuhören. Ich wollte stattdessen in Schweden bleiben, Schwedisch lernen und herausfinden, was ich im Leben wollte. Dies war nicht das einzige Mal in meinem Leben, dass ich herausfand, was ich mir wünschte, indem ich zunächst etwas wählte, das mir nicht gefiel.

Was wäre, wenn du nicht *genau herausfinden musst*, was du dir im Leben wünschst? Ganz ehrlich, das ist viel zu viel Arbeit! Das heißt nachzudenken, was dich nicht zu dem führen wird, was du dir wünschst. Fange damit an, dass du etwas wählst, selbst, wenn du es für falsch hältst, und dann sieh, wo es dich hinführt und was dir bewusst wird. Du könntest glatt herausfinden, was deine Realität ist.

Ich habe zum Beispiel einen Freund, der als Kellner in einem edlen Wiener Restaurant arbeitete. Er war gut in seinem Job und verdiente viel Geld, doch eines Tages wurde er ohne einen bestimmten Grund gefeuert. Ich fragte ihn: „Bist du gefeuert worden oder hattest du den Job innerlich abgeschlossen und hast sie dazu gebracht, dich zu feuern?" Er gab zu, dass das letztere zutraf. Er beschloss, für eine Weile eine Auszeit zu nehmen, um herauszufinden, was er sich wirklich im Leben wünscht.

Die Monate vergingen und kein Gewahrsein kam. Er begann, sich Fragen zu stellen. Er fragte mich, wie lange ich meinte, dass er warten müsse. Ich sagte: „Ich kenne den aktuellen Zeitplan für die Ankunft deiner Erkenntnis nicht." Er lachte. Ich sagte: „Was wäre, wenn du wählst und kreierst, anstatt zu warten?"

In der darauffolgenden Woche bekam er vier Jobangebote. Er wusste nicht, welchen er nehmen sollte. Ich fragte: „Warum müssen sie perfekt sein, bevor du sie wählst? Wenn du auf „perfekt" wartest, musst du wahrscheinlich noch eine Weile warten. Was wäre, wenn du einfach den wählst, der am meisten Spaß zu machen scheint und mehr für die Zukunft kreiert? Weißt du, welcher das ist?" Das tat er. Er wählte diesen Job und setzte die drei anderen Angebote ein, um ein höheres Gehalt auszuhandeln. Nach einem Monat wurde er befördert.

Willkommen zu dem, was möglich ist, wenn du wählst – nicht die *perfekte* Option, einfach nur eine Wahl, die dein Leben erweitern kann – und anfängst, deine eigene Realität zu erschaffen.

Sobald du darüber hinwegkommst, anderen zu gefallen und ein bestimmtes Ergebnis zu verfolgen, wird das Universum dir und dem, was du dir wirklich wünschst, beitragen. Anderen zu gefallen, ist das, was den meisten Menschen vertraut ist. Wir sind daran gewöhnt. Wie viel deiner Zeit und Energie verwendest du darauf, anderen zu gefallen, nur, weil du das schon immer getan hast? Dies ist ein Autopilotsystem und es ist ständig eingeschaltet. Sobald du dir dessen bewusst wirst, dass du in den „anderen- gefallen"-Modus übergehst, kannst du etwas anderes wählen. Alles, was es braucht, ist, dass du dir gewahr wirst, wenn du es tust. Alles, was es braucht, ist Übung.

Wenn du deine Realität kreieren möchtest, geht es allein um Übung. Die absolute Mehrheit der Menschen haben nicht den geringsten Schimmer, was ihre Realität ist. Warum? Weil ihnen nie jemand gezeigt hat, wie sie sie kreieren können. Niemand hat sie gefragt, was ihre Realität ist. Du findest heraus, was für dich funktioniert, indem du wählst. Wahl kreiert Gewahrsein. Anstatt im Kopf herauszufinden, was du wählen solltest und was andere sich von dir wünschen, wähle einfach etwas und diese Wahl wird dich wissen lassen, ob das, was du kreiert hast, für dich funktioniert oder nicht, und dann wählst du wieder. Ich weiß, das ist viel zu leicht für diese Realität, aber was wäre, wenn du dir selbst erlaubst, so einfach zu sein?

**Wie viel von deinem Leben besteht darin,
die Lebensversionen anderer zu leben?**

Beziehungen, Business und Familie sind alles Strukturen, die auf eine bestimmte Art aussehen sollten, um richtig und gut und perfekt zu sein. Eine Beziehung sieht auf eine bestimmte Weise aus. Erfolgreich im Business zu sein sieht auf eine bestimmte Weise aus. Eine Familie hat auf eine bestimmte Weise auszusehen – glücklich zusammen, artige Kinder und Eltern, die ihre Kinder als Segen empfinden. Wo sieht man so etwas außer in Märchen oder Hollywoodfilmen?

Alle diese utopischen Ideale halten dich in einem ständigen Zustand der Selbstbewertung, weil du nicht „perfekt genug" erreicht hast. In der Geschäftswelt erfolgreich zu sein bedeutet, viel Geld zu verdienen, viele Kunden zu haben oder viele Produkte zu verkaufen. Es hat mit Quantität zu tun. Die Menschen messen die Ergebnisse, die sie erzielen, an diesen Standards, aber das kreiert alles nur Bewertung. Es stoppt all deine Kreativität zugunsten der Erfüllung von Erfolgsstandards.

Was bedeutet Erfolg für dich? Gary Douglas, einer der Gründer von Access Consciousness, sagte, für ihn bedeute Erfolg, das Leben einer Person verändert zu haben. Wie viele Menschen hast du berührt und verändert? Macht dich das nicht mega erfolgreich? Wenn du nicht bemerkt hast, dass du das Leben der Menschen dadurch veränderst, dass du du selbst bist, bitte das Universum darum, dir das zu zeigen: „Universum, zeig mir das Geschenk, das ich für die Welt bin." Und dann warte, dass es dir gezeigt wird.

Überall, wo du dein Gewahrsein des Geschenks, das du für die Welt bist, abgeschnitten hast, zerstörst und unkreierst du das jetzt bitte? Danke.

Right and wrong, good and bad, pod and poc, all 9, shorts, boys and beyonds.®

Es erfordert nur deine Bereitschaft und die Wahl, es herauszufinden. Dies kann sich auf die seltsamsten Arten zeigen. Bei mir sind manchmal Tiere involviert gewesen. Einmal, als ich das Universum bat, mir das Geschenk zu zeigen, das ich für die Welt bin, flog ein kleiner Vogel zu mir, setzte sich auf meine Hand, schaute mich an und ließ mich wissen, was für ein Geschenk ich bin. Ein anderes Mal kam ein Eichhörnchen ganz nah heran, schaute mich direkt an und ließ es mich wissen.

Diese Vorkommnisse waren bizarr und so wundervoll. Sie haben meinen ganzen Tag verändert. Andere Male, wenn ich dem Universum diese Frage stelle, spüre ich nur eine Veränderung in der Energie. Ich entspanne mich. Das Universum zeigt sich jedes Mal anders.

Wenn du dein Business kreierst, wenn du deine Beziehungen erschaffst, wie wäre es, wenn du anerkennst, dass all dies Kreationen sind und nicht Dinge, die zufällig so sind, wie sie sind, und Dinge, in die du hineinstolperst? Das Leben ist keine Lotterie; es ist deine Kreation. Je präsenter du bist, umso größer ist deine Chance, das zu kreieren, was wirklich für dich funktioniert. Je mehr du deine Ansichten, Bewertungen, Schlussfolgerungen, Projektionen und Erwartungen an das aufgibst, was du erschaffst, umso mehr Wahl wirst du feststellen zu haben.

Du kannst ein Clearing Statement verwenden, um sie alle zu zerstören und unzukreieren. Sag einfache: „All die Projektionen, Erwartungen und Erwartungen, die ich gegenüber [meinem Business, meinem Partner, meinen Beziehungen, meiner Familie] habe, zerstöre und unkreiere ich jetzt. Right, wrong, good, bad, pod and poc, all nine, shorts, boys and beyonds.®"

Die meisten Leute wollen sicherstellen, dass das, was sie wählen, die richtige Wahl ist. Ihr ganzes Leben ist darauf aufgerichtet, herauszufinden, was richtig ist, und dem zu folgen und zu vermeiden, was falsch ist. Bist du ein guter Anhänger oder bist du der Anführer in deinem Leben? Wenn du Bewertungen real machst – das Gute und das Schlechte, das Richtige und das Falsche – machst du dich selbst zum Anhänger deiner eigenen Überzeugungen. Dies ermöglicht dir nie, der Anführer deines Lebens zu sein.

Die meisten Menschen verlegen sich auf die Strategie, das Leben anderer Leute nachzuahmen – besonders derjenigen, die sie als erfolgreich bewerten. Wie oft tust du das? Wenn wir sehen, dass jemand es scheinbar leicht hat mit Geld oder Beziehungen oder Business, ahmen wir sie nach und versuchen, das zu tun, was sie tun. Wie gut funktioniert das? Um andere nachzuahmen, erfordert das von dir, dass du dein Gewahrsein und dein Wissen zugunsten der Richtigkeit dessen aufgibst, was andere wählen – es stoppt deine Kreativität, zugunsten davon, ein Papagei zu sein.

Wir sehen, wie jemand erfolgreich ist, und versuchen herauszubekommen, wie er tut, was er tut. So sind die meisten Businessmodelle aufgebaut. Die meisten Unternehmen folgen einer bestimmten Struktur, die der Geschäftsführer für gut befunden hat. Man kann die Struktur dieses Unternehmens auf einem Stück Papier aufmalen: es sieht aus wie Kreise und Linien, und eines führt zum anderen, und es illustriert die Hierarchie des Business und wer etwas zu sagen hat.

Es gibt nur einige Varianten an Strukturen und wenn du dein Business aufbaust, kannst du dasjenige wählen, von dem du meinst, dass es für dich funktioniert. Das ist ganz ähnlich wie in der Psychologie, wo es einige persönliche Eigenschaften gibt, nach denen die Menschen in Kategorien unterteilt werden. Es klingt nach Wahl. Ist das wirklich Wahl oder die Vortäuschung von Wahl? Dir wird ein Menü an Wahlmöglichkeiten präsentiert und du musst dich zwischen dem entscheiden, was verfügbar ist.

Wie oft bist du in einem Restaurant, schaust auf die Speisekarte und kannst nichts finden? Liegt das daran, dass es dir schwerfällt zu wählen, oder versuchst du, deine Wahl dem Menü anzupassen? Wie oft ist das, was dein Körper gerne essen würde, nicht auf der Speisekarte? Ist das wirklich Wahl oder die Vortäuschung von Wahl?

Was wäre, wenn du deine Perspektive erweiterst und dir selbst erlaubst, Wahl über das hinaus zu haben, was dir präsentiert wird?

Was hast du beschlossen, dass Wahl ist, was sie nicht ist?

Alles, was das ist, zerstörst und
unkreierst du das bitte? Danke.

Right and wrong, good and bad, pod and
poc, all 9, shorts, boys and beyonds.®

Wenn du dich an Leuten orientierst, die erfolgreich sind, um deinen persönlichen Erfolg zu finden, liegt deine gesamte Wahl in der Nachahmung dessen, was du siehst. Als Flugzeuge gebaut wurden, schauten die Ingenieure auf die Natur, die Vögel, die Insekten, um herauszufinden, wie sie ihre Flugzeuge so bauen können, dass die Maschinen so gut wie möglich funktionieren. Leider betrachten die Leute das, was andere tun, als besser als das, was sie selbst tun. Sie ahmen häufig Begrenzungen nach anstatt Möglichkeiten. Wenn du jemand anderes mit der Ansicht nachahmst, dass er recht haben muss, wirst du nur Schmerz und Leiden erleben, weil du jemand anderes Realität lebst und nicht deine.

Was hast du so lebensnotwendig an der biomimetischen
Nachahmung der Schmerzen, des Leidens und
der Pfade anderer Menschen gemacht, was dich
davon abhält, über deine kühnsten Träume
und Vorstellungen hinaus zu kreieren?

Alles, was das ist, zerstörst und
unkreierst du das bitte? Danke.

Right and wrong, good and bad, pod and
poc, all 9, shorts, boys and beyonds.®

Was weißt du über Kreation? Wenn du keine Referenzpunkte
hättest, wie du dein Leben, deine Beziehungen, deinen Körper, dein
Geld und deine Familie kreieren solltest, was weißt du dann? Wie
würdest du gerne vorgehen, um all das zu kreieren?

Das Meiste von dem, was wir kreieren, entspringt dem, dass wir
die Ansichten anderer davon abkaufen, wie es sein soll und wie es
aussehen soll, was möglich ist und was nicht möglich ist. Ist deine
Welt so begrenzt oder ist deine Welt eine Welt voller Möglichkeiten? Ist es nun an der Zeit für dich herauszufinden, was deine
Realität ist?

ACHT

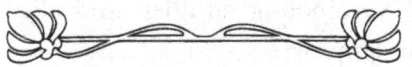

Hör auf, dich auf etwas zu beziehen und fange an zu kreieren

Wir lernen ganz früh von unseren Familien, ständig in einer Beziehung mit anderen zu stehen.

Beziehungen sind eines der größten Themen im Leben der Menschen. Deine Beziehung zu deiner Familie, deinen Freunden, deinem Partner und deinem Job sind alles Arten, dich selbst zu definieren, oder jemanden oder etwas zu definieren, um herauszubekommen, was du mit ihnen tun solltest. Dies erfordert ständige Bewertung: Was ist das Richtige hier? Welches ist die falsche Wahl, die es zu vermeiden gilt?

Die Definition von Beziehung ist der Abstand zwischen zwei Objekten. Jedes Mal, wenn du eine Beziehung kreierst und denkst, das wird dich jemandem näherbringen, kreierst du eigentlich Abstand und Abtrennung. Wie oft hast du mit jemandem was angefangen und es war alles toll und hat Spaß gemacht, doch nach kurzer Zeit, als ihr beschlossen habt, eine Beziehung einzugehen, begann alles, bergab zu gehen? Willkommen zu der Art, wie wir gelernt haben, Beziehungen in dieser Welt zu kreieren.

Irgendwo wissen wir alle, dass etwas anderes möglich ist. Du kennst diese Momente, in denen du ein Gefühl von Leichtigkeit und Frieden und Verbindung zu allen und allem hast. Fragst du dich, wie du dahin kommst?

Jedes Mal, wenn du eine Beziehung eingehst, um dieses Gefühl von Leichtigkeit und Frieden und Verbindung zu bekommen, dauert es nicht lange, bevor du frustriert und traurig aufwachst, weil die Person, mit der du versuchst, dies zu erschaffen, nicht tut, was du willst. Sie passt nicht in dein Bild davon, wie du sie gerne hättest. Umgekehrt passt du nicht in das Bild von dem, wie sie dich gerne hätte. Dies klingt irrwitzig, wenn man es genau betrachtet, aber hast du in letzter Zeit viel anderes um dich herum gesehen? Wahrscheinlich nicht. Noch einmal: Willkommen zu der Art, auf die wir gelernt haben, Beziehungen in dieser Welt zu kreieren.

Die Menschen kommen zusammen, um auseinander zu driften. Was ist sonst noch möglich?

Dies ist der Teufelskreis, in den die Leute immer und immer wieder hineinspringen, anstatt zu fragen: „Was kann ich *anderes* sein oder tun?" Ja, *„anderes"* und nicht „anders". Obwohl das letztere grammatisch korrekt wäre, ist es mehr als ein wenig anders für die Veränderung, um die es bei diesem Buch geht.

Wir haben auf diesem Planeten eine sehr begrenzte Form von Beziehungen erlernt. Am Anfang wünschen wir uns etwas Großartiges mit jemandem, am Ende aber bekommen wir Frustration und Trennung. Manche Pärchen trennen sich und manche bleiben zusammen und sind unglücklich dabei. Ganz wenige kreieren Beziehungen, die funktionieren.

Hier geht es nicht darum, dass Beziehungen schlecht oder falsch sind. Es geht um eine andere Perspektive, die dich dazu einlädt, mehr Freiheit *für dich* zu haben.

VERBINDUNGSPUNKTE UND KREATIONSPUNKTE

Wenn du eine Beziehung mit jemandem beginnst, schaust du nach dem, was ihr beide gemeinsam habt; du schaust nach der Gemeinsamkeit. Die meisten Menschen suchen nach jemanden, mit dem sie sich verbunden fühlen, gut fühlen können. Dies erfordert von dir, ständig dein Gewahrsein von allem abzuschotten, das dazu führen könnte, dass du dich schlecht fühlst mit dieser Person.

Als ich vor langer Zeit in einer Beziehung war und wir seit vielen Jahren zusammen waren, merkte ich, dass wir uns immer weiter voneinander entfernten, wie die meisten Menschen in einer Beziehung. Wir suchten verzweifelt nach etwas, das uns verbunden halten sollte. Wir beschlossen, Golf zu spielen. Wir waren auf dem Golfplatz mit der Absicht, endlich etwas gemeinsam zu unternehmen. Er war talentiert. Ich war es absolut nicht. Das Ganze endete darin, dass wir einen unserer größten Streits mitten auf dem Golfplatz hatten. Wir wussten, dass es an der Zeit war, weiterzugehen.

Wie so viele von uns suchten mein Partner und ich nach einem Verbindungspunkt, nach etwas, wo wir uns zusammen bequem fühlen würden. Ich weiß, dass Bequemlichkeit nicht genug ist – was für mich funktioniert, ist ständige Kreation, Vorwärtsbewegung, inspirieren und die Welt zu verändern.

In den meisten Beziehungen, so wie wir sie in dieser Welt erschaffen, *stoppst du dein Leben*. Du findest jemanden, mit dem du dich verbindest, und dein Wachstum stoppt. Wenn du nach jemandem suchst, mit dem du zusammen sein möchtest, stoppst du die Kreation deiner Beziehung und tötest sie. Du kommst zu dem Schluss: „Dies ist meine Person, dies ist meine Berufung, dies ist mein Ding." Nichts Großartigeres als das wird in dein Gewahrsein kommen können.

Was, wenn deine Beziehungen über die Verbindung hinausgehen könnten, hinein in die Kreation? Deine Fragen sollten sein: „Ist diese Person eine Bereicherung für mein Leben? Erweitert

diese Person mein Leben? Was können wir zusammen kreieren, das
größer ist, als was ich alleine kreieren kann?" Mit diesen Fragen
wirst du nach den Kreationspunkten in deinem Leben schauen anstatt nach der Notwendigkeit der Verbindung. Verbindung ist, wo
du stehen bleibst; Kreation ist, wo du vorwärtsgehst.

**Was wäre, wenn du Menschen wählen würdest, die
dich inspirieren, mehr zu sein, und die du inspirierst?**

Ein Freund von mir kreiert einen nie enden wollenden Alptraum
mit Beziehungen. Er teilt den Frauen, die er trifft, offen mit, dass er
keine Beziehung möchte. Die Frauen sagen, dass es okay für sie ist,
nur Sex zu haben. Doch nach dem dritten Mal, wenn sie miteinander schlafen, beschließt die Frau, dass sie einen Partner möchte.
Wenn er ihr sagt, dass dies nicht das ist, was er sich wünscht, reagiert sie mit Drama und Tränen. Er hat mir erzählt, dass er sich in
die Ecke gedrängt fühlt; er hat das Gefühl, er muss eine Beziehung
eingehen, sonst wünscht sich die Frau, dass er von diesem Planeten
verbannt wird. Natürlich zerbricht die Beziehung am Ende.

Seine Reaktion auf diese wiederholten Erfahrungen mit Frauen
bestand darin, dass er Barrieren hochgezogen hat und distanziert
gegenüber Frauen ist – was nicht in seinem besten Interesse ist. Barrieren aufrechtzuerhalten, erfordert viel Energie. Darüber hinaus
lädt es die Menschen nicht in dein Leben ein, die gerne hinter dir
stehen und für dich da sein würden.

Mein Freund suchte ständig nach den Verbindungspunkten zum
Drama seiner Frauen. Er hatte das Drama mit den Frauen zu etwas
Vertrautem gemacht; Frauen und Sex wurden für ihn gleichbedeu-
tend mit Drama und Trauma. Er kreierte ein widersprüchliches
Universum, in dem er Frauen, Sex und Spaß wollte, während er sich
gleichzeitig von ihnen abtrennte, um das Drama zu vermeiden. Er
wollte Frauen und wollte keine Frauen. Er wollte eine Beziehung
und wollte keine Beziehung. Dass er Barrieren errichtete, machte all

das nicht leichter, noch ließ es zu, dass etwas anderes in seine Welt kam.

Klingt das irgendwie vertraut für dich?

Verbindungspunkte sind nicht nur die guten Verbindungspunkte, sondern auch die Verbindung zu Drama und Trauma. Die meisten Menschen sind abhängig davon, ständig Drama und Trauma mit anderen Menschen zu schaffen. Dies ist eine Art, wie du sicherstellen kannst, dass du verbunden bist: „Wenn wir einander lieben, müssen wir uns ab und zu hassen." Daran ist nichts falsch. Die Menschen tun dies solange, wie sie es tun, bis sie herausfinden, dass es nicht funktioniert.

Es gibt etwas Einfacheres als Drama und Trauma. Es nennt sich Spaß haben. Wie? Indem man absolut keine Ansicht und keine Bewertung hat – das heißt vollkommenes Empfangen. Dies braucht Übung und Wahl.

Hättest du lieber Trauma und Drama oder Leichtigkeit und Freude? Sei ehrlich. Wenn du dein ganzes Leben lang gedacht hast, dass eine Verbindung zu anderen Menschen nur über Drama aufgebaut werden kann, mag es dir erscheinen, als verlierst du die Verbindung mit anderen Menschen, wenn du Drama loslässt. Das ist die Lüge, die du abgekauft hast. Verbindung entsteht nicht aus Bewertung oder Drama. Verbindung entsteht aus Leichtigkeit und Freude.

BEQUEMER ABSTAND

Für die meisten Menschen ist das Sich-nahe-Sein etwas, worum sie bitten und das sie zugleich vermeiden. Hast du schon einmal jemanden getroffen, der wirklich gut für dich war, und du wusstest, dass diese Person dein Leben erweitern würde, aber du hast dafür gesorgt, dass du ihr nicht erlaubst, dir zu nahezukommen, damit du nicht so großartig sein würdest, wie du weißt, dass du sein könntest? Die meisten Menschen bitten um jemanden, dem sie nahe sein

können, und wenn sich dann genau diese Person zeigt, die wirklich
nährend für sie ist, schaffen sie einen Abstand, um sich mit der Begrenzung wohlzufühlen, die sie bereits gewählt hatten. Jemanden in
dein Leben zu lassen, der dein Leben erweitert und dich nährt, erfordert von dir, dich zu öffnen und diese Person einzulassen und den
Abstand aufzugeben, von dem du beschlossen hast, er sei bequem.

**Wie viel bequemen Abstand hast du zu dir und
der Großartigkeit, die du wirklich bist?**

**Alles, was das ist, zerstörst und
unkreierst du das bitte? Danke.**

**Right and wrong, good and bad, pod and
poc, all 9, shorts, boys and beyonds.®**

**Wie viel bequemen Abstand hast du zu . . . . . . (setze die
Person ein, mit der du gerne mehr Leichtigkeit hättest)?**

**Alles, was das ist, zerstörst und
unkreierst du das bitte? Danke.**

**Right and wrong, good and bad, pod and
poc, all 9, shorts, boys and beyonds.®**

Lasst uns einige praktische Werkzeuge ansehen, um etwas anderes zu kreieren. Hier sind vier Schlüssel für dich, um das zu kreieren,
was für dich in Beziehungen funktioniert:

Schlüssel Nr. 1: Keine Ansicht

Keine Ansicht zu haben, bedeutet, weder irgendetwas zuzustimmen
und sich danach auszurichten noch dazu in Widerstand oder Reaktion zu gehen. Es geht darum, nicht auf das einzugehen, was hochkommt. Der Schlüssel liegt darin, einfach gewahr zu sein und zu
fragen: „Was kann ich hier wählen, das etwas Großartigeres kreiert?"

Wenn mein Freund absolut keine Ansicht dazu hätte, dass die Frauen, die er trifft, mehr als Sex wollen, würde er, bevor er sich auf sie einlässt, das Gewahrsein davon bekommen, wo es hinführt. Er wüsste, mit wem er Sex haben sollte und mit wem nicht. Er würde wissen, ob das etwas erschaffen würde, das sowohl für ihn als auch für die Frau funktioniert.

Schlüssel Nr. 2: Vertraue auf dein Wissen

Das Drama, das mit Beziehungen kreiert werden kann, ist unglaublich. Was ist für dich in diesem Bereich noch möglich? Was, wenn du dir selbst sagst: „Es reicht! Egal, was es braucht, ich werde etwas über all dies hinaus kreieren, etwas, das Leichtigkeit bringt und für mich funktioniert und mein Leben erweitert, egal, wie das aussieht." Vielleicht findest du etwas ganz anderes, als du dachtest. Wie zum Beispiel Spaß haben!

Was es dazu braucht, ist dein Vertrauen in dich selbst und in das, was du weißt. Du weißt, was und wer deine Welt erweitert. Wissen kommt nicht aus deinem Verstand; es ist größer als das. Dein Verstand füttert nur deine Schlussfolgerungen und Antworten aus deinen bisherigen Erfahrungen. Denke nicht über deine Wahlen nach. Vertraue stattdessen auf dein Wissen, darüber, welche Wahl die Zukunft kreiert, die du gerne hättest. Wenn du darüber *nachdenkst*, machst du es schwierig und kompliziert, da du versuchst, die richtige Wahl zu finden. Wenn du es einfach *weißt*, zeigt es sich als ein Gewahrsein. Es gibt keine Fehler – nur interessante Wahlen, die dir neue Informationen und mehr Gewahrsein geben und großartigere Möglichkeiten eröffnen.

Schlüssel Nr. 3: Finde heraus, was du dir wünschst

Dies erscheint wie der schwierigste Schritt, ist jedoch tatsächlich der einfachste. Wenn du nach einer Antwort suchst, ist es unmöglich herauszufinden, was du dir wünschst. Wenn du der Frage erlaubst, ein Abenteuer zu sein und sich ständig zu ändern, kannst du ein richtiges Ass darin sein, herauszufinden, was für dich funktioniert. Wie hättest du dein Leben wirklich gerne? Nicht, was andere möchten, dass du bist oder tust – werde dir klar darüber, wenn du andere dein Leben mit ihren Ansichten bestimmen lässt und wenn du wählst, was du dir wünschst.

Hat man dir je bei einem Vorstellungsgespräch die Frage gestellt: „Wo sehen Sie sich in 5 Jahren?" Die meisten von uns haben absolut keine Ahnung, wie sie diese Frage beantworten sollen. Wie soll das auch gehen? Es gibt so viel zu entdecken. Wie soll man eine einzige Antwort darauf finden, was in fünf Jahren geschieht? Ich frage mich, welche extrem begrenzte Person sich überhaupt diese Frage ausgedacht hat.

Versuche nicht, dich selbst in einem Bild zu sehen. Wähle jetzt, was für dich funktioniert, und triff eine neue Wahl und du wirst mehr über dich selbst erfahren und darüber, was dir Spaß macht. Wähle einfach immer weiter. Es gibt keine richtigen oder falschen Wahlen im Leben.

Schlüssel Nr. 4: Erlaubnis für deine Wünsche

Uns wurde nicht beigebracht, um das zu bitten, was wir uns wünschen. Wir lernen, das zu tun, was in diese Realität passt – alle Dinge, die richtig sind –, und uns Erfüllung zu wünschen.

Als ich die Schule abschloss, fragten mich die Leute, was ich tun wollte. Ich hatte keine Ahnung. Ich hatte nicht viel Übung darin, zu fragen und herauszufinden, was meine Realität war und was mir Spaß machte.

Es braucht Übung. Frage, was dir Spaß macht. Frage, wer und was deine Welt erweitert. Frage, wer und was dich inspiriert. Frage, wer und was dir mehr ein Gespür von dir selbst gibt. Frage, wozu du fähig bist und was für dich möglich ist. Je mehr du fragst, umso mehr wirst du Hinweise und Gewahrsein dazu bekommen, was für dich funktioniert.

Vielleicht findest du heraus, dass wer und was für dich funktioniert und was du dir wirklich wünschst, anders sind, als du dachtest. Das ist meistens so.

Als junge Erwachsen dachte ich, ich wolle einen Mann und Kinder. Tatsächlich war dies, was andere für mich wollten. Ich war mir ihrer Wünsche für mich so gewahr, dass ich begann, mein Leben entsprechend ihren Wünschen zu gestalten. Ich stellte nicht die Frage: „Ist dies, was ich mir wirklich wünsche?" Jetzt kann ich herausfinden, was ich mir wünsche – nicht, indem ich jemand anderes Träume erfülle oder mich gegen jemand anderes Wünsche wehre, sondern indem ich wähle und das Gewahrsein davon erlange, *was für mich funktioniert.*

Was ich mir wünsche, ist so anders, dass es noch nicht einmal auf den Landkarten anderer Leute erscheint. Es geht weit darüber hinaus. Als ich mein Leben entsprechend der Wünsche anderer Leute gestaltete, traute ich mich nicht zu fragen, was ich mir wünschte, weil ich irgendwie wusste, dass es so anders wäre und sie nicht glücklich über meine Wahlen sein würden. Ich wollte niemanden mit dem, was ich mir wünschte, enttäuschen – bis zu einem Punkt, an dem ich meine Wünsche einfach nicht mehr verleugnen konnte. Es war zu schmerzhaft, gegen mich selbst zu kreieren. Ich konnte mein Leben nicht mehr *nicht* wählen.

Diese Schale aufzubrechen war absolut unangenehm. Aber es war nötig und die Sache wert. Ich musste vollkommene Erlaubnis für das haben, was ich mir wünschte – sogar und besonders, wenn es vollkommen anders war als das, was andere sich von mir wünschten. Die Freiheit, die ich durch diese Wahl erlangte, war unglaublich.

Das Lustige ist, dass meine Familie nun durch meine Wahlen inspiriert ist, die letztendlich auch ihre Welt erweitert haben. Ich dachte, sie würden am Boden zerstört sein, aber das waren sie nicht. Meine Mutter sagte zu meiner vollkommenen Überraschung: „Ich möchte dir sagen, wie wunderbar du bist. Ich bin so stolz auf die Stärke, die du hast, dein Leben zu wählen, in ein anderes Land zu ziehen, eine neue Sprache zu lernen und in einer neuen Sprache einen Beruf zu studieren, der viel Mut erfordert. Ich bin so stolz auf dich." Das hat mich umgehauen. Nachdem ich mich schlecht gefühlt hatte, weil ich mein Leben wählte – es aber trotzdem tat, weil ich wusste, ich musste es tun – zeigte sich alles so anders, als ich gedacht hatte.

Wenn du dich veränderst, verändert sich die Welt um dich herum.

Was wäre, wenn du vollkommene Erlaubnis für die Andersartigkeit hast, die du bist, und die Wünsche, die du hast? Was wäre, wenn du beharrlich das anstrebst, von dem du weißt, es erweitert deine Welt, auch, wenn sonst niemand dir zustimmt? Was wäre, wenn du niemals aufgeben würdest und dich niemals aufgeben würdest? Wie sehr würde das deine Welt und die Welt der Menschen um dich herum erweitern?

Und was wäre, wenn es bei Beziehungen darum gehen könnte, dein Leben zu kreieren und zu erweitern? Was wäre, wenn du dankbar für die Menschen in deinem Leben sein könntest ... eben dafür, wer und was sie sind, ohne dass sie irgendwie anders sein müssen? Dankbarkeit und Erlaubnis sind zwei sehr heilende Elemente, wenn man sich mit der Welt verbindet.

Es besteht keine Notwendigkeit, Veränderung zu erzwingen. Menschen sind, wie sie sind. Deine Familienmitglieder sind, wie sie sind. Es gibt kein Falsch und kein Richtig. Nur die Frage: Was ist hier wirklich möglich, das ich noch nicht in Betracht gezogen habe?

Genieße das Jetzt, um die Zukunft zu kreieren, die nicht definiert werden muss!

Wenn du genießt, was ist, bist du offen für das Flüstern der Möglichkeiten, das dir sagt, wann du die Richtung ändern solltest und was es von dir braucht, um das ins Leben zu bringen, worum du bittest.

Deine Zukunft muss nicht definiert sein, damit sie kreiert werden kann. Freue dich auf das, was kommt, auf welche Art auch immer es kommt!

Es ist an der Zeit zu kreieren!

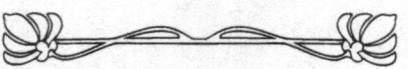

Vorwurf: Ein Ablenkungsimplantat

Viele Menschen sehen ihre Eltern als diejenigen an, die Schuld daran sind, dass ihr Leben Mist ist. Der Mainstream-Psychologie verdanken wir diese nie enden wollende Suche danach, warum jemand leidet. Es gibt da kein Happy End, nur eine ständige Suche nach der Quelle, dem Grund für all die Probleme. Wenn du ihn findest, wirst du frei sein . . . aber das funktioniert nie. Das ist, als schäle man die Schichten einer Zwiebel ab, um zum Kern zu kommen. Du schälst und schälst und alles, was du bekommst, sind Tränen.

Als ich im psychiatrischen Bereich arbeitete, wurde mir beigebracht, dass eine schwere psychische Störung eine „frühe Behinderung" ist, was bedeutet, dass sie in der Kindheit beginnt. Was kreiert eine solche Ansicht anderes, als dass man ständig in der Vergangenheit nach dem Fehler sucht? Schafft dies je die Möglichkeit für eine andere Zukunft, oder überhaupt eine Zukunft?

Wenn du deinen Eltern etwas vorgeworfen hast, hat dies jemals irgendeine Veränderung in deinem Leben bewirkt, außer dass du neue Belege dafür gefunden hast, warum sie Unrecht an dir verübt haben? Ich sage nicht, dass sie recht hatten oder haben, oder dass das, was sie getan oder nicht getan haben, richtig oder falsch ist. Ich bitte dich nur darum, einen anderen Ansatz in Betracht zu ziehen, der dir mehr Freiheit für dich gibt.

Vorwurf ist ein Ablenkungsimplantat, das dazu ausgelegt ist, dich ständig von dem abzuhalten, was wirklich für dich möglich ist. Der Vorwurf überdeckt die Intensität des Hasses.

**Was hast du so lebensnotwendig daran
gemacht, den Vorwurf zu besitzen, was dich
von allen anderen Wahlen abhält?**

**Alles, was das ist, zerstörst und
unkreierst du das bitte? Danke.**

**Right and wrong, good and bad, pod and
poc, all 9, shorts, boys and beyonds.®**

Wie sehr hast du dich dein ganzes Leben lang gegen die Leute gewehrt, die dich gebeten haben, etwas zu sein, was du nicht bist? Und wie sehr verteidigst du die Ansicht, dass deine Eltern dir etwas angetan haben, wo sie eigentlich nur sich selbst für andere akzeptabel machen wollten? Deine Eltern waren möglicherweise nicht die klügsten Leute. Wie die meisten Menschen haben sie ihr Bestes gegeben mit den Werkzeugen, die ihnen zur Verfügung standen.

Sind deine Eltern je anerkannt und ermutigt worden zu sein, wer sie wirklich sind? Ihre Eltern hatten wahrscheinlich die Ansicht, es sei ihre Aufgabe, ihre Kinder dazu zu bringen, sich anzupassen und normal zu sein. Die meisten Eltern denken, sie sollten ihre Kinder darin trainieren, so zu sein wie andere und in diese Welt hineinzupassen.

Ihre Aufgabe ist in Wirklichkeit eine ganz andere – nämlich ihre Kinder dazu zu ermächtigen zu sein, wer sie sein möchten, und die Andersartigkeit zu feiern, die sie in die Welt bringen. Die Aufgabe von Eltern besteht nicht darin, die Kinder dazu zu bringen, dass sie sich der Norm anpassen; sie besteht darin, sie zu ermutigen, alles zu sein, was sie sind. Die Aufgabe von Eltern besteht darin, ihren Kindern gegenüber Erlaubnis zu haben und dankbar für das zu sein, was sie in die Welt bringen.

Ich stehe hinter der Aussage, dass Eltern ihr Bestes geben, das ihnen mit den Werkzeugen möglich ist, die sie haben – sogar Eltern, die Missbrauch verüben. Aus der Sicht der Eltern, so fehlgeleitet und schmerzvoll es auch gewesen sein mag, dachten sie wirklich, dass sie ihre Kinder durch Disziplinierung zu besseren Menschen und mündigen Bürgern der Welt machen würden.

Was wäre, wenn du anerkennst, dass, was auch immer geschehen ist und was auch immer du durchgemacht hast, es dich nicht umgebracht hat und deinen Wunsch nicht abgetötet hat, mehr von dir zu sein? Du hättest dieses Buch nicht bis hierher gelesen, wenn du nicht diesen Funken in dir hättest, der dich darum bittet, die Großartigkeit zu sein, die du wirklich bist.

Alles, was dir nicht erlaubt zu wissen, was für dich wahr ist, zerstörst und unkreierst du das bitte? Danke.

Right and wrong, good and bad, pod and poc, all 9, shorts, boys and beyonds.®

Es ist schwer, deine Eltern als schlechte Menschen zu sehen, wenn du erkennst, dass das, was sie wollten, war, gemäß den Standards anderer Leute akzeptabel zu sein. Sie wollten, dass du auch diese Ansichten übernimmst und zu deinen machst, damit sie gute Eltern sein konnten.

Du hingegen hast eine andere Wahl.

Die Ansichten der meisten Eltern sind: „Wenn du lernen kannst, so zu werden wie ich, wirst du erfolgreich sein." Wenn du dies für dich real machst, kaufst du alle ihre Bewertungen, Projektionen,

Erwartungen, Abtrennungen und Ablehnungen ab und machst sie dir zu eigen. Wenn die Ansicht deiner Mutter war, dass man als Frau Wettbewerb betreiben muss, um zu bekommen, was man will, und du diese Ansicht zu deiner eigenen machst, was wird das für dich in Bezug auf andere Frauen und Männer kreieren? Wirst du jemals Leichtigkeit damit haben, großartiger zu sein als andere, oder wird immer ein Element der Bewertung damit verbunden sein? Wahrscheinlich wirst du keine andere Wahl haben, außer dich anderen Menschen entweder überlegen oder unterlegen zu fühlen. Wahre Großartigkeit ist jenseits von Bewertung.

Wenn deine Eltern bestimmte Ansichten über Beziehungen und Ehe hatten, die Richtigkeit davon, die Notwendigkeit, eine Beziehung zu haben, und wie eine gute Beziehung auszusehen hat, wo bleibst du da, wenn es um Leichtigkeit dabei geht, herauszufinden, was in einer Beziehung für dich funktioniert?

**Wie viele deiner Projektionen, Erwartungen,
Abtrennungen und Ablehnungen basieren
auf den Bewertungen deiner Eltern?**

**Alles, was das ist, zerstörst und
unkreierst du das bitte? Danke.**

**Right and wrong, good and bad, pod and
poc, all 9, shorts, boys and beyonds.®**

Was wäre, wenn du deine Eltern siehst, wie sie waren und sind, und dir erlaubst, das Gute und das Schlechte und das Hässliche in ihnen ohne eine Ansicht zu sehen und ohne die Notwendigkeit zu verändern, was war, und ohne die Notwendigkeit, sie zu verändern? Was wäre, wenn du Frieden damit findest, was ist? Wenn du kein Bedürfnis hast, ein Märchen mit Happy End aus dem zu machen, was war, kannst du frei sein. Wenn du kein Bedürfnis hast, dich selbst im Alptraum deiner Vergangenheit zu ertränken und zu vergraben, kannst du eine Zukunft kreieren, die für dich funktioniert. Was wäre, wenn du dies anerkennst: Die Vergangenheit ist vorbei. Jetzt ist jetzt!

Was hast du so lebensnotwendig daran gemacht, die Vergangenheit zu besitzen, das dich davon abhält, jetzt zu leben?

Alles, was das ist, zerstörst und unkreierst du das bitte? Danke.

Right and wrong, good and bad, pod and poc, all 9, shorts, boys and beyonds.®

Du kannst jetzt eine andere Wahl treffen. Solange du weitermachst mit den Vorwürfen, hängst du in der Vergangenheit fest.

Alles, was du beschlossen hast, dass du so im Arsch bist, weil du diese Eltern hast, zerstörst und unkreierst du das bitte alles? Danke.

Right and wrong, good and bad, pod and poc, all 9, shorts, boys and beyonds.®

Wenn du die Ansicht abkaufst, dass deine Eltern dich verdorben haben, wirst du für immer in dieser Lüge eingeschlossen sein. Bist du bereit zu wissen, wer du über das hinaus bist, was war – deine Vergangenheit, deine Eltern?

Was wäre, wenn du dich selbst darum bittest, alles zu sein, was du sein kannst? Was wäre, wenn du dich selbst so erziehst, wie du hättest erzogen werden wollen? Was kannst du in dir wecken, das die Welt braucht?

Als Psychologin habe ich so viele Teenager getroffen, bei denen ADHS diagnostiziert wurde und die darauf trainiert wurden,

ruhiger zu werden, nicht so laut zu sein und sich nicht so sehr ab-
zuheben. Das führt zu Depression. Wie könnte es das nicht? Sie
wurden darum gebeten, nicht sie selbst zu sein, weil sie, wenn sie sie
selbst sind, die Welt aufregen.

Ich lade sie stattdessen ein, die schillernden, aktiven, lebhaften
Wesen zu sein, die sie sind. Ist das nicht genau das, was unsere Welt
jetzt braucht? Braucht unsere Welt nicht Menschen, die wirklich
lebendig sind und keine wandelnden Toten? Menschen, die großartige Ideen haben und ihre kreative Energie verkörpern? Genau so
erweitert sich die Welt und blüht auf – durch Menschen, die außerhalb der Box funktionieren und neue Möglichkeiten in unsere Welt
bringen, die andere inspirieren. Diese Menschen senden Wellen des
Lebens und der Kreativität aus, die uns wissen lassen, dass wir die
Wahl haben, alles zu kreieren, was wir uns wünschen.

SPASS-POLIZEI

Die Spaß-Polizisten sind Leute, die dich glauben machen, du liegst
falsch, wenn du lachst oder Spaß hast, und sich gestört fühlen von
Lachen oder Kindern, die Geräusche beim Spielen machen. Viele
Menschen, die später in ihrem Leben zu Spaß-Polizisten werden,
waren eigentlich sehr lustig, als sie selbst Kinder waren. Sie waren
die albernen Kinder – die Clowns, die ihre Familien aufheitern wollten – aber sie hatten nie Erfolg damit, weil ihre Familien nicht an
Spaß geglaubt haben. Ihre Familien glaubten daran, dass das Leben
ernst und schwer ist.

Da sie es nicht schafften, ihre Familien glücklich zu machen,
beschlossen sie, dass sie gescheitert sind und hatten die umwerfende
Idee, genauso zu werden wir ihre Eltern. Wenn du Mitglied der
Spaß-Polizei bist, würdest du in Betracht ziehen, das jetzt aufzugeben und das alberne, verrückte, Spaß liebende Wesen zu sein, das
du immer gewesen bist und vergessen hast, dass du es immer noch
bist? Ist es an der Zeit, wieder nervig zu sein und das zu genießen?

Das Einzige, was die Spaß-Polizisten dazu bringt zu tun, was sie tut, ist, wenn sie die Bewertungen anderer Menschen als wahr und real abkaufen.

Ich ging auf eine katholische Mädchenschule und das war das Hauptquartier der Spaß-Polizei, glaube mir. Dass mir nicht erlaubt war zu lachen, brachte mich allerdings dazu, noch mehr zu lachen. Kennst du das, wenn du etwas nicht darfst und du es erst recht tust, weil es so viel Spaß macht, Sachen zu tun, die gegen die Regeln verstoßen?

Ganz besonders in der Kirche war Lachen absolut verboten. Ich habe nie verstanden, warum Gott etwas gegen Humor haben sollte und es respektlos finden würde, wenn jemand lacht, aber das ist eine andere Geschichte. In der Kirche hatte ich meine besten Lachorgien. Genau dasselbe im Geschichtsunterricht, da meine Geschichtslehrerin eine sehr trockene Person war. Ich konnte nicht anders als zu lachen und zu kichern, bis die ganze Klasse einstimmte.

Es war so befreiend, mir selbst zu erlauben, nervig zu sein und die Regeln der Ernsthaftigkeit zu brechen.

Als ich Psychologin wurde, bemerkte ich, dass ich ernst wurde. Das dauerte aber nicht lange an. Es kostet viel Anstrengung, ernst zu sein – mehr als ich bereit bin aufzuwenden. Ich erkannte, dass ich beschlossen hatte, ich müsse jetzt professionell sein und Fachleute sind ernst, lachen nicht und haben keinen Spaß oder irgendwelche Leichtigkeit bei ihrer Arbeit. Das war ätzend. Warum sollte ich einen Beruf wählen und dann alles aufgeben, was mich ausmacht? So einzigartig zu sein, wie wir sind, bedeutet wahre Professionalität. Als Psychologen ist es unser ureigenes Sein und Wesen, das heilend wirkt, und nicht das Image, das wir projizieren.

Als ich begann, meinen Beruf aus dieser anderen Perspektive zu betrachten, ging mir ein Licht auf. Ich wusste, dass ich etwas anderes kreieren könnte, als mir an der Universität beigebracht worden war. Ich begründete die Pragmatische Psychologie. Ich wollte meinen Klienten dabei helfen zu tun, was funktioniert, anstatt dass alle sich verrückt machen, um einen Grund zu finden, warum etwas nicht funktioniert und zu versuchen, sie zu verstehen . . . was niemals irgendetwas verändert. Anstatt die Dinge in Ordnung zu bringen, von denen du beschlossen hast, dass sie deine Probleme sind, findest du heraus, was du sonst noch wählen kannst, was dir ermöglicht, über das hinauszugehen, was sich derzeit in deinem Leben zeigt.

Ich stellte fest, dass es nicht darum geht, die richtige Therapie zu machen oder dem Arbeitsstil irgendeines berühmten Therapeuten nachzueifern. Es geht darum, man selbst zu sein, alles zu sein, was man ist, und damit andere dazu zu inspirieren, zu sein, wer sie sind. Wenn du du bist, schafft dies den Raum der Heilung für dich und andere.

Für mich heißt eine Psychologin zu sein, Menschen dazu zu ermächtigen zu wissen, was sie wissen. Die Psychologie war ursprünglich die Lehre des Wissens, bis sie zur Lehre des Denkens, Sich-Benehmens und Hineinpassens wurde. Nur deine Gedanken zu verändern, verändert nicht viel; das ist nur ein kleiner Teil der Veränderung, zu dem du wirklich fähig bist.

An dir ist mehr als deine Gedanken, Gefühle und Emotionen. Wenn du jemanden triffst, in dessen Gegenwart du dich entspannt fühlst, entspannst du dich aufgrund dessen, was er sagt, oder wegen seiner Energie? Wenn du am Ozean sitzt, entspannst du dich, weil der Ozean die richtigen Worte findet, um dich zu beruhigen? Oder ist es der Raum, mit dem der Ozean dich begrüßt, der dich an den Raum erinnert, der du wirklich bist?

Wenn du du bist, ist das dieses Leichte, die Leichtigkeit und der Raum, die der Ozean ist, die die Pflanzen sind. Bist du bereit, das zu sein?

Fange jetzt an zu üben! Nachfolgend sind 5 praktische Tipps aufgeführt. Das sind keine fünf Dinge, in denen du perfekt sein musst oder die du erreichen oder abschließen musst. Das sind einfach nur Ideen, die du als Inspiration in deinem Gewahrsein haben kannst, um dahin zu gehen, wo du wirklich hingehen möchtest. Es gibt kein Ziel zu erreichen. Es ist die Freude, jeden Tag mehr und mehr von dir zu sein und den Raum, die Freiheit und die Leichtigkeit zu erfahren, die das in deiner Welt bewirkt.

Schlüssel Nr. 1: Fange an, dich zu mögen

Lege die Selbstbewertung ab. Es gibt keinen Zauberstab, um mit der Selbstbewertung aufzuhören. Um diese Qual zu ändern, musst du nur beharrlich wählen, damit aufzuhören, dich selbst zu bewerten. Du kannst jetzt sofort damit beginnen, indem du von dir selbst forderst, damit aufzuhören, dich zu bewerten und dich als falsch anzusehen. Mache dir keine Gedanken mehr darüber, etwas perfekt hinbekommen zu wollen. Übe dich darin, dich selbst nicht mehr als falsch anzusehen.

Schlüssel Nr. 2: Habe Fürsorge für die Menschen in deinem Umfeld

Was wäre, wenn du Fürsorge für die Menschen um dich herum hast, egal, was sie wählen? Wenn die Wahlen der Menschen nicht deinen Erwartungen entsprechen, bewerten wir sie dafür, dass sie nicht liefern, was wir erwarten. Wenn Menschen dich bewerten, errichtest du einen Widerstand gegen diese Bewertungen. Was bewirkt dieser Widerstand für dich? Was wäre, wenn du dich einfach nicht mehr gegen die Bewertungen anderer Leute über dich wehren würdest?

Was wäre, wenn du Fürsorge für andere hast, selbst, wenn sie unfreundlich sind, selbst, wenn sie dich bewerten? Was wäre, wenn du deine Fürsorge nicht mehr abschneiden würdest wegen irgendjemandes Wahlen? Du bist ein Wesen voller Fürsorge. Warum solltest du so unfreundlich zu dir selbst sein und nicht du selbst sein, nur, weil dich jemand bewertet? Bewertungen sind nicht relevant . . . nie.

Ich habe gelernt, Fürsorge für andere zu haben, auch, wenn sie mich schlecht behandeln. Dies bringt so viel Freiheit in meine Welt.

Ich habe gelernt, dass wir Leichtigkeit haben können, wenn andere uns nicht mögen.

Schlüssel Nr. 3: Es gibt kein Gewahrsein, das es zu vermeiden gilt

Du kannst alles und alle empfangen – das Gute, das Schlechte und alles und alle können Teil deiner Welt sein. Du kannst damit präsent sein. Empfangen ist so nährend. Wenn du deine Barrieren nicht mehr oben hast und dich nicht gezwungen siehst, dich gegen irgendetwas oder irgendjemanden zu verteidigen, wird das gesamte Universum zu deinem Spielgefährten.

Selbst, wenn dich jemand anschreit, kann dies ein nährender Beitrag für dich sein – wenn du es zulässt und die Ansicht loslässt, dass es dich verletzen kann. *Nichts kann dich verletzen.* Es tut nur weh, wenn du im Widerstand bist und eine Ansicht kreierst. Höre auf, dich zu wehren und eine Ansicht zu kreieren, dass irgendetwas oder irgendjemand dich verletzen kann. Wärst du bereit, deine Definition davon loszulassen, der Verletzte zu sein, das Opfer, der Erbärmliche?

> **Welche Definitionen von dir benutzt du, um dich als den Verletzten oder das Opfer zu kreieren, wählst du?**
>
> **Alles, was das ist, zerstörst und unkreierst du das bitte? Danke.**
>
> **Right and wrong, good and bad, pod and poc, all 9, shorts, boys and beyonds.®**

Schlüssel Nr. 4: Bitte und du wirst empfangen

Wenn du einen Spaziergang im Wald machst, ist da ein Gefühl von Leichtigkeit und Frieden. Fange an, diese Energie *zu sein*. Lasse dich darauf ein, ein Gefühl von Frieden in deiner Welt zu haben und ein Wissen darum, dass dir immer weiterwachsende Möglichkeiten zur Verfügung stehen, auf deine Bitte und Wahl hin. Bitte und du wirst empfangen. Bitte darum, mehr Leichtigkeit und Frieden zu haben und beginne damit, dies zu empfangen.

Du musst nicht länger darauf warten, dass andere dich sehen und dich dazu einladen, du zu sein. Du kannst wählen, deinen Platz in der Welt zu haben und dich als du zu zeigen. Du hast die Wirkkraft, alles zu verändern. Du bist wandelnde Magie, wenn du bereit bist, das zu wissen. Was wäre, wenn du bei jedem Schritt, den du tust, wunderbare Dinge kreierst, während das gesamte Universum hinter dir steht und dein Spielgefährte ist?

Schlüssel Nr. 5: Du veränderst dich ständig

Es wird nie langweilig. Ist es nun an der Zeit, das Veränderungselement zu begrüßen, das du bist? Die Lüge, die viele Menschen abkaufen, ist, dass sie Sachen beibehalten sollten. Das ist nicht natürlich für uns. Genau wie die Natur verändern wir uns und unsere Leben verändern sich. Wenn du dich nicht dagegen wehrst, kannst du die Veränderungen genießen und auf ihnen surfen, um von einem zum nächsten Abenteuer zu gelangen.

STABILITÄTSPUNKTE VS. WIND DER VERÄNDERUNG

Fragst du dich oft, warum sich in deinem Leben nicht viel verändert hat? In allen Bereichen, in denen dieselben Probleme und Themen immer und immer wieder aufkommen (vielleicht mit einer geringfügigen Abweichung), bestimmen Stabilitätspunkte dein Leben. Selbst wenn du um Veränderung bittest, kann sich nichts verändern, solange du an den Stabilitätspunkten festhältst. Das ist da, wo du meinst, um Veränderung gebeten zu haben, aber tatsächlich nicht wählst, dich zu verändern. Du hältst auf die Weise an dem fest, wie es immer schon gewesen ist.

Wenn du eine Entscheidung zu treffen hast und dich fragst, was die richtige Entscheidung ist, um die falsche Entscheidung zu vermeiden, funktionierst du aus Stabilitätspunkten.

Die Leute meinen, die Stabilitätspunkte würden ihnen Stabilität verleihen. Doch sind sie genau das, was dich davon abhält, alles, was wirklich für dich möglich ist, zu haben und zu sein. Gibt es wirklich so etwas wie Stabilität oder ist dies eine der größten Illusionen, die die Menschen sich in ihrem Leben wünschen?

Alles verändert sich ständig. Das ist die einzige Konstante. Du kannst dich auf den Wind der Veränderung verlassen.

Hast du jemals mit jemandem getanzt, der seinen Körper kaum bewegte? Das ist jemand, der an seinen Stabilitätspunkten festhält. Wenn du dich zu der Musik bewegst, die im Moment spielt, bewegst du dich mit dem Wind der Veränderung und Magie geschieht.

Welche Musik spielt derzeit in deinem Leben, zu der du anfangen kannst, dich zu bewegen?

Beziehungen sind für die meisten Menschen Stabilitätspunkte. Du verlierst dich selbst für die Vorstellung, dass du mit dem anderen großartiger bist, als du warst. Du gibst dich selbst für die Vorstellung auf, dass du den anderen brauchst.

Die Leute suchen auch bei ihren Familien nach Stabilitätspunkten. Sie machen ihre Familien und ihre Herkunft zu einem Stabilitätspunkt. Jedes Mal, wenn du sagst: „Ich bin . . . indisch, italienisch, deutsch ... ich bin eine Mutter . . .", kreierst du eine feste Ansicht darüber, wer und was du bist. Du schaffst dir deinen Platz in der Welt. Was wäre, wenn du dir keinen Platz in der Welt erschaffen musst, sondern der Raum bist, der unendliche Möglichkeiten einlädt?

Alles und jeder, an dem du meinst, festhalten zu müssen, um zu haben, was du meinst, haben zu müssen, ist, was du von Möglichkeiten und Kreation in Stabilitätspunkte verwandelt hast. Die Stabilitätspunkte werden zu den Problemen, die du meinst, nicht überwinden zu können. Deine Ansicht kreiert deine Realität.

**Was hast du so lebensnotwendig daran gemacht, die
Stabilitätspunkte der Realität zu besitzen, was dich
von der Magie von Wahl und Möglichkeit abhält?**

**Alles, was das ist, zerstörst und
unkreierst du das bitte? Danke.**

**Right and wrong, good and bad, pod and
poc, all 9, shorts, boys and beyonds.®**

Das Standardverfahren auf diesem Planeten besteht für die meisten Menschen darin, sicherzustellen, dass sie bekommen, was sie sich wünschen. Wenn du sicherstellen möchtest, dass du erreichst, was du beschlossen hast erreichen zu wollen, hast du dich selbst dazu verdammt, eine Schlussfolgerung zu verfolgen, anstatt *über* das *hinaus* zu kreieren, was du beschlossen hast, dass du haben sollst.

**Welche Stabilitätspunkte verwendest du, um das Leben
des Traumes zu zerstören, das du wählen könntest?**

**Alles, was das ist, zerstörst und
unkreierst du das bitte? Danke.**

**Right and wrong, good and bad, pod and
poc, all 9, shorts, boys and beyonds.®**

Wir benutzen andere Menschen als Stabilitätspunkte. Wen benutzt du als Stabilitätspunkt? Wie viele deiner Freunde sind wandelnde Stabilitätspunkte? Die Menschen, die sicherstellen, dass du dich nie mehr veränderst, als sie möchten.

Die Menschen in unserem Leben, die wir zu unseren Stabilitätspunkten machen, sind in der Regel diejenigen, mit denen wir, abgesehen von einigen Gelegenheiten, wo sie uns Freude bringen, am meisten Konflikte haben. Allem, was du bedeutsam machst, lieferst du dich aus. Wenn du jemanden bedeutsam machst und er dich bewertet, machst du seine Bewertungen von dir bedeutsam und real und du wirst leiden.

Warum solltest du irgendjemandem so viel Macht über dich geben? Die Menschen machen das die ganze Zeit mit Familie. „Weil sie zu meiner Familie gehören", so denken sie, „können sie mich so viel bewerten, wie sie wollen, und ich lasse es ihnen durchgehen." Ich habe nie verstanden, warum die Leute ihrer Familie so viel Macht über sich gaben. Du könntest deine Perspektive wie folgt ändern: „Ich mag mich selbst zu sehr, um eure Bewertungen über mich real zu machen. Ihr seid vielleicht meine Familie, aber das gibt euch nicht die Erlaubnis, mich zu bewerten."

Bewertungen sind keine Fürsorge. Es sind Arten, dir zu sagen, wie falsch du liegst und bist. Warum solltest du darauf hören?

Die Menschen erstellen alle möglichen Stabilitätspunkte. Sie benutzen ihre Familie, ihre Erziehung und ihre Kultur als Stabilitätspunkte. Dies sind die Dinge, an denen sie festhalten, die definieren, wer sie sind. Definitionen scheinen dir zu sagen, wer und wo du bist. Sie scheinen dich auf dem Boden zu halten. In Wirklichkeit halten sie dich jedoch dort fest, wo du schon immer gewesen bist, feststeckend in einer Welt ohne Möglichkeiten oder Wahl, wo du alles versteckst, was du sein könntest.

Bist du nur deine Kultur? Bist du nur ein Sohn, eine Tochter, eine Mutter, ein Vater? Oder ist dies, was du verwendest, um dich selbst in Bezug auf die Menschen um dich herum zu definieren? Wer und was bist du sonst noch, das herauszufinden du dich noch nicht auf die Entdeckungsreise begeben hast?

Genau das liebe ich daran, auf der ganzen Welt umherzureisen. Jedes Land stellt infrage, wie ein anderes Land mich zu definieren versucht. Kein Land hat recht oder unrecht. Ich bin eine Bürgerin der Welt.

Jede Kultur, Familie und Beziehung hat ihre eigene Energie. Jede fordert von dir, jemand im Zusammenhang mit dieser Kultur, dieser Familie, dieser Beziehung zu sein. Ist dir aufgefallen, dass verschiedene Länder und verschiedene Menschen verschiedene Aspekte in dir hervorbringen? All das bist du . . . und so viel mehr.

Wenn wir mit einer Person in einer Beziehung sind oder in einem neuen Land leben und genug Zeit vergangen ist, fangen wir an zu vergessen, dass wir die Energie dieser Person oder Kultur übernehmen. Wir gewöhnen uns an unsere Umgebung und hören auf, Fragen zu stellen wie: „Was ist sonst noch möglich? Wie wird es noch besser als das? Was ist über dies hinaus noch möglich? Was kann ich noch entdecken und erkunden?"

Beziehungen können zur Gewohnheit werden, meistens eine schlechte Gewohnheit. Was wäre, wenn Beziehungen mehr sein könnten als nur Gewohnheiten? Alles, was es dazu braucht, ist, dass du nicht dein Gewahrsein abschneidest und präsent bist mit dem, was in deinem Leben vor sich geht. Dann empfängst du alle Informationen und weißt, dass du eine Wahl hast, jederzeit die Richtung zu ändern.

Welche Stabilitätspunkte verwendest du, um die Parameter deiner Realität zu kreieren?

Alles, was das ist, zerstörst und unkreierst du das bitte? Danke.

Right and wrong, good and bad, pod and poc, all 9, shorts, boys and beyonds.®

Wie viele Menschen um dich herum machst du zu Stabilitätspunkten?

Alles, was das ist, zerstörst und unkreierst du das bitte? Danke.

Right and wrong, good and bad, pod and poc, all 9, shorts, boys and beyonds.®

Alles, was in deinem Leben nicht funktioniert, ist, wo du einen Stabilitätspunkt eingerichtet hast. Das Problem bleibt so lange bestehen, wie du versuchst, es zu regeln. Versuche nicht, es zu regeln; geh einfach weiter. Wenn Probleme immer wieder auftauchen und du immer wieder versuchst, sie zu lösen, weißt du, dass du es mit einem Stabilitätspunkt zu tun hast.

Du kannst das Clearing Statement verwenden, um jeglichen Bereich in deinem Leben zu verändern:

Wie viele Stabilitätspunkte verwende ich, um die Begrenzung zu kreieren, dich ich wähle?

Alles, was das ist, zerstörst und unkreierst du das bitte? Danke.

Right and wrong, good and bad, pod and poc, all 9, shorts, boys and beyonds.®

Wir kreieren Stabilitätspunkte für uns selbst und andere Menschen machen uns zu ihren Stabilitätspunkten. Wie viele Menschen verwenden dich als ihren Stabilitätspunkt? Das ist, wo jemand beschlossen hat, dass er dich braucht.

Hast du es wichtig gemacht, wenn andere Menschen dich brauchen? Viele Menschen ergreifen, wenn sie jemanden treffen und der anfängt, bedürftig zu werden, so schnell wie möglich die Flucht. Warum? Weil sie sich dagegen wehren, dass der andere sie als Stabilitätspunkt benutzt.

Kinder, deren Eltern sie zu ihrer Hauptbeziehung machen, kennen dieses Szenario gut. Einige Eltern machen ihr Kind zu ihrem wichtigsten Bezugspartner, was dem Kind viele Erwartungen auferlegt. Allerdings ist dies kein Problem, wenn du keines daraus machst; es bedeutet nichts, solange du keine bestimmte Bedeutung darin siehst. Du könntest dir einfach ihrer Welt gewahr sein und der

Bedeutsamkeit, die du für sie hast, und lernen, dies als nichts weiter als seine interessante Ansicht zu sehen.

Ich habe diese Lektion durch meine Eltern gelernt. Meine Eltern haben mich zu ihrer Hauptbezugsperson gemacht und lange Zeit war ich im Widerstand dazu. Alles, was ich wollte, war der Raum, um herauszufinden, was ich mir im Leben wünschte. Ich dachte, wenn ich für meine Freiheit kämpfe, würde ich frei sein. Dies war eine Lüge, die ich abkaufte.

Nachdem ich nicht den Raum gefunden hatte, den ich suchte, merkte ich, dass es nicht produktiv war, im Widerstand zu ihrer Ansicht zu sein und mich dagegen zu wehren. Ich stelle stattdessen eine Frage: „Welches Geschenk sind meine Eltern, das ich nicht anerkannt habe?" Alles zu empfangen, was meine Eltern von mir wollten, dass ich sei, ohne irgendeine Ansicht oder Bewertung, erlaubte mir etwas zu erkennen, dass mich von den Socken haute: Dass meine Eltern mich zu ihrer Hauptbezugsperson machten, war kein Fluch, sondern ein Geschenk.

Ich habe zwei großartige Menschen, die alles für mich tun würden. Ist das richtig oder falsch? Weder noch. Es ist, was es ist. Anstatt dies zu einem Problem zu machen, wählte ich, mehr Fragen zu stellen: „Was ist hiermit möglich? Wie kann ich dies empfangen, um mein Leben zu erweitern?" Und weißt du was? Es erweiterte mein Leben tatsächlich! Meine Mutter und mein Vater sind nun beide auf sehr erweiternde Art in meinem Leben involviert und sie machen mein Leben so viel einfacher. Ich hätte mir das nie vorstellen können, als ich noch damit beschäftigt war zu beweisen, dass ich niemanden brauchte.

Was wäre, wenn du dir selbst nicht beweisen musst, dass du niemanden brauchst? Du hast dich und du hast die Welt. Du brauchst niemanden, hast aber die Wahl, alle zu empfangen.

Dich wirklich zu nähren, bedeutet, alles und jeden zu empfangen und nichts zu bewerten. Alles kann ein Geschenk für dich sein – wenn du es zulässt. Es besteht keine Notwendigkeit, dich gegen irgendetwas zu schützen. Schutz erfordert viel Energie. Diese Mauern aufrechtzuerhalten kostet dich mehr Energie, als es dir beiträgt. Diese Mauern halten die Dinge, die du möchtest, aus deinem Leben heraus, wie zum Beispiel Menschen, die nährend für dich sind. Solange du deine Barrieren oben lässt, verteidigst du dich gegen so viele Möglichkeiten.

Wenn jemand dich als seinen Stabilitätspunkt benutzt, verlangt er von dir, dass du für ihn da bist, damit er weiß, dass alles gut ist. Anstatt dich dagegen zu wehren, könntest du fragen: „Wie viel Spaß kann ich damit haben?" Du bist derjenige, der die Kontrolle hat. Bist du bereit sie zu haben? Bist du bereit, die Führung zu übernehmen und die Beziehung so zu kreieren, wie sie für dich funktioniert? Bist du bereit, Spaß damit zu haben? Solange du glaubst, dies sei falsch, lässt du zu, dass Stabilitätspunkte dein Leben bestimmen.

Diese Person hat gewählt, sich für dich aufzugeben, und du kannst wählen, ob du so leben möchtest. Stelle eine einfache Frage: „Funktioniert das für mich?"

Das Schöne ist, dass es keine richtige oder falsche Art gibt, eine Beziehung zu führen. Die Menschen verwenden so viel Zeit und Energie auf den Versuch herauszufinden, ob die Beziehungen, die sie haben, gut oder schlecht sind. Führt das irgendwo hin? Oder stresst du dich nur selbst, während du viel mehr Spaß haben könntest?

Es geht nicht darum, herauszufinden, ob du es richtig oder falsch machst. Dein Leben beginnt zu funktionieren, wenn du herausfindest, was für dich funktioniert.

Wenn du jemanden in deinem Leben hast, der versucht sicherzustellen, dass alles okay ist, könntest du, anstatt alle möglichen Manöver auszuprobieren, um diese Person loszuwerden, dich selbst würdigen, indem du sie in dein Leben mit einbeziehst und fragst, was du gerne mit ihr tun würdest. Jemanden einzubeziehen bedeutet nicht, dass du jede Woche Zeit mit ihm verbringen oder mit ihm leben musst. Einbeziehen heißt, keine Energie *gegen* jemanden oder etwas zu verwenden. Es ist nicht nötig, irgendetwas zu machen, und du hast vollkommene Wahl. Das schafft Leichtigkeit.

AUTORESPONDER UND EINKERKERUNGEN

Wir stellen uns selbst so ein, dass wir auf Autopilot laufen und jedes Mal auf die gleiche Weise auf Menschen und Situationen reagieren, während wir immer noch auf ein anderes Ergebnis hoffen. Dies sind die Autorespondersysteme, die uns unbewusst halten. Du bist in einer Situation, in der derjenige etwas sagt und du reagierst so, wie du meinst, es sei richtig. Klingt das nach Freiheit? Du kerkerst dich selbst mit den Autorespondern ein, die du wählst. Überall, wo du nicht wählst, absolute Freiheit zu haben, sperrst du dich selbst ein.

Ein Autoresponder ist eine begrenzte Ansicht, die dich dazu bringt, nie etwas wirklich Neues zu kreieren. Das lässt dich so erscheinen wie alle anderen. Wenn du der Normalität huldigst, sind die Autoresponder deine Gebete.

Autoresponder sind die Arten, auf du dich in die Realitäten anderer Leute einsperrst – wo du tust, was du meinst, dass getan werden müsste, und wie du gemäß den Standards anderer Leute kreieren solltest. Autoresponder sind dazu ausgelegt, dich auf eine bestimmte Weise reagieren zu lassen, damit alles sich so entwickelt, wie es sollte, anstatt etwas Großartigeres zu kreieren, als du dir vorstellen kannst.

Bist du je in einer monogamen Beziehung nach der anderen mit derselben Person in verschiedenen Körpern gewesen? Mit anderen Worten, wählst du oft Beziehungen, Liebhaber, Freunde und Businesspartner, die sich sehr ähnlich sind? Im Prinzip wählst du dieselbe Person in verschiedenen Körpern. Wie viel Spaß macht das? Ist es ein Gewinn für dein Leben, wenn du ähnliche Menschen wählst? Wenn du dein Business betrachtest, wächst es, indem es Angestellte hat, die in denselben Bereichen Fähigkeiten haben, oder expandiert es, wenn es verschiedene Arten von Leuten gibt, die alle eine Funktion ausüben, in der sie hervorragend sind?

Ein Autoresponder funktioniert so: Du triffst jemanden und wenn er zu dem passt, woran du in deinem Leben gewöhnt bist, sagst du: „Ja, diese Person fühlt sich gut an." Wenn er nicht dem entspricht, was zu deinem Vertrautheitsmenü gehört, wirst du wahrscheinlich denken, dass er sich nicht gut anfühlt und du wirst ihn nicht empfangen. Hast du dich je gefragt, warum ähnliche Menschen Zeit miteinander verbringen? Warum es Stadtteile gibt, in denen Menschen mit einer ähnlichen Energie leben? Sie haben beschlossen, dass dies ein guter Ort für sie ist; sie fühlen sich zu Hause, weil die Energie der Menschen dort zu dem passt, was sie beschlossen haben zu sein. Die Energie in diesem Bereich ist ihnen vertraut und wenn etwas vertraut ist, kommen die Leute zur Schlussfolgerung und Bewertung, dass dies gut ist.

Wenn du etwas als gut oder schlecht bewertest, begrenzt du dein Leben. Du hast bereits beschlossen, was du magst und wen du magst; und nichts und niemand, die nicht dazu passen, können in dein Leben kommen. Es ist, was die Menschen wählen, doch die meisten Menschen sind sich dessen nicht bewusst. Sie folgen dem, was sich normal und gut für sie anfühlt. Die Frage ist: „Was ist sonst noch möglich?" Was wäre, wenn du über deine Autoresponder hinaus gingest?

Was hast du real für dich gemacht, das
tatsächlich ein Autoresponder ist, den du
verwendest, um dich einzukerkern?

Alles, was das ist, zerstörst und
unkreierst du das bitte? Danke.

Right and wrong, good and bad, pod and
poc, all 9, shorts, boys and beyonds.®

Dies kann auf Beziehungen zutreffen, die gut funktionieren oder nicht gut funktionieren. In einer schlechten Beziehung sperrst du dich selbst ein, indem du denkst, dass es nicht besser wird. In einer guten Beziehung kerkerst du dich ein, indem du schlussfolgerst, dass alles gut ist und nicht besser werden kann. Beides bedeutet ein Einsperren – du hast bereits beschlossen, dass es so ist, wie es ist, und du hast aufgehört, Fragen zu stellen, die die Türen zu etwas Großartigerem öffnen würden. Das bringt dich in eine Position, in der du versuchst, sicherzustellen, dass du auf alles, was dir präsentiert wird, richtig reagierst. Es hält dich davon ab zu fragen: „Was liegt jenseits von all diesem ‚zurechtkommen' und ‚richtig reagieren', das ich mir selbst nicht erlaubt habe zu wissen?"

Die meisten Menschen wählen eine Beziehung, damit sie jemanden in ihrem Leben haben können, und nicht, um ihr Leben zu kreieren. Reicht es dir, jemanden zu haben? Oder liegt es dir eher, mehr zu kreieren?

Jemanden in deinem Leben zu haben, bedeutet, zufrieden damit zu sein, einen Partner zu haben. Für kreative Menschen ist dies nicht genug. Jemanden zu haben, mit dem du kreieren und dein Leben erweitern kannst, ist eine andere Möglichkeit, die du hast. Das erfordert das Loslassen deiner festen Ansichten darüber, wie eine Beziehung aussehen oder wie sich dein Partner verhalten sollte. Er erfordert den Mut, gemeinsam zu wachsen, ohne eine Ansicht darüber zu haben, wie das aussehen sollte.

**Wie sehr vermeidest du zu leben, indem du
sicherstellst, dass du nicht scheiterst?**

**Alles, was das ist, und all die Autoresponder und
Einkerkerungen, die das kreieren, zerstörst und
unkreierst du das alles jetzt bitte? Danke.**

**Right and wrong, good and bad, pod and
poc, all 9, shorts, boys and beyonds.®**

Was wäre, wenn du Pläne für Großartigkeit statt Scheitern machst? Wenn du dich auf dich selbst verlässt und dem vertraust, was du weißt, warte nur ab, und du wirst sehen, dass alles sich besser entwickelt, als du denkst.

Denke an die Leute, die als erste die geniale Idee hatten, dass Menschen fliegen könnten. Zu der Zeit muss die Vorstellung vom Fliegen wie etwas vollkommen Unmögliches erschienen sein. Die Menschen, die das Fliegen erfanden, haben wahrscheinlich häufig zu hören bekommen, dass sie verrückt sind, überhaupt in Betracht zu ziehen, dass der Mensch fliegen kann. Hat sie das aufgehalten? Nein. Sie haben selbst *so sehr* an ihre Ideen geglaubt.

Heute laufen viele Unternehmen so, dass viele Mitarbeiter und Geschäftsführer mit dem Flugzeug fliegen. Nach der Erfindung des Flugzeugs griffen viele andere Leute die Idee auf und extrapolierten, was noch möglich ist. Es gibt so viele solcher Beispiele – so viele andere, die auf das vertrauten, was sie wussten, in einer Zeit, in der ihre Ideen absolut verrückt erschienen. Selbst, wenn ihre Körper nicht mehr hier sind, verändern diese Menschen fortwährend die Welt.

Hast du bereits beschlossen, nicht so jemand zu sein? Hast du beschlossen, dass du hierhergekommen bist, um nur über die Runden zu kommen? Würdest du erwägen, diesen Autoresponder aufzugeben, den du verwendest, um dich in die Begrenzungen dieser Realität einzusperren?

Ja?

Dies ist absolut deine Wahl!

Was wäre für die Welt möglich, wenn du auf das vertrauen würdest, was du weißt? Was weißt du, das, wenn du darauf vertrauen würdest, die Welt und die Zukunft verändern würde?

**Alles, was dir nicht erlaubt, das zu wissen, zerstörst
und unkreierst du das bitte alles? Danke.**

**Right and wrong, good and bad, pod and
poc, all 9, shorts, boys and beyonds.®**

Es gibt so viele Arten, wie die Menschen das, was war – ihre
Vergangenheit, ihre Eltern, ihre Familie – als Grund und Rechtfertigung verwenden, warum sie keine Wahl haben.

Ist es wirklich die Schuld deiner Familie, dass du und dein Leben
nicht so sind, wie du sie gerne hättest? Oder gibt es vielleicht einen
Faktor, den du vergessen hast? *Wahl.* Du hast Wahl. Die meisten
Menschen lieben es zu vergessen, dass sie Wahl haben; es scheint so
viel leichter, andere für ihr Leben verantwortlich zu machen. Das
Problem ist, dass du mit dieser Ansicht nicht die Regie in deinem
Leben führen kannst.

Ich weiß, dass es bequem erscheint, andere Menschen und Situationen für dein Leben verantwortlich zu machen, aber was kreiert
das für dich? Gibt das dir die Freiheit, nach der du suchst? Wie
viele Entschuldigungen verwendest du, um sicherzustellen, dass
du nie das Leben haben wirst, das du wählen könntest? „Ich kann
kein Geld haben, weil . . .", „Ich kann keine tolle Beziehung haben,
weil . . .", „Ich kann nicht glücklich sein, weil . . ." Was ist dein liebstes „weil"? Das ist genau das, was dich in diesem Gefängnis hält.

Von nun an kannst du einfach all die Stabilitätspunkte, Autoresponder und Einkerkerungen „poden und pocen", die dich an diesem
Ort gefangen halten. Alles, was es braucht, ist die Verpflichtung dir
selbst gegenüber, immer weiterzumachen, und vor allem deine *Wahl*,
die Freiheit zu empfangen, von der du immer gewusst hast, dass du
sie haben kannst.

Es wird immer noch andere Menschen außer deiner Familie
geben, denen du anlasten kannst, was in deinem Leben geschieht.
Alles, was das bewirkt, ist, dich davon abzulenken, was sonst noch

möglich ist. Jedes Mal, wenn du das tust, verringerst du dich und nimmst dir selbst die Macht zu verändern, was du gerne verändern würdest.

Was wählst du? Das Gefängnis der Vergangenheit oder die Möglichkeiten der Zukunft, die dir zur Verfügung stehen, sobald du die Wirkkraft von dir anerkennst, in Anspruch nimmst und besitzt?

ZEHN

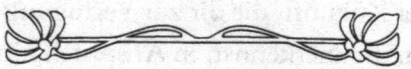

Schuld: Das Hamsterrad des Verkehrtseins

Die Schuld hat die Welt erobert. Ist es an der Zeit, das zu ändern? Hast du jemals mit deiner Familie zu tun gehabt und es sind keine Schuldgefühle in der einen oder anderen Form hochgekommen? Schuld ist eine Ablenkung von dem, was wirklich möglich ist. Sie ist implantiert und wurde in einem Maße real gemacht, das die Menschen in den Wahnsinn treibt.

Ich habe eine Klientin, die vor Kurzem mit ihrem ersten Kind schwanger geworden ist. Sofort nach der Freude über die Schwangerschaft übermannte sie der Schatten der Schuldgefühle und des Nicht-gut-genug-Seins. Zu allem Überfluss begann ihre Familie damit, sie einer Gehirnwäsche darüber zu unterziehen, dass sie eine verantwortungsvolle Schwangere sein müsse und was sie alles nicht mehr tun, essen oder trinken darf. Die Möglichkeit und Leichtigkeit des Schwangerseins wurde zu einer ständigen Bedrohung des Verkehrtseins. Schon nach wenigen Wochen fühlt sie sich schuldig, nicht alles richtig zu machen.

Sie ist nicht die einzige.

Wenn du Kinder hast oder jemanden kennst, der welche hat, ist dir möglicherweise dieser Irrsinn aufgefallen, der nun ihr gesamtes Leben bestimmt. Die Vorstellung besteht darin, dass sich schuldig zu fühlen einen zu einem besseren Bürger dieser Welt macht. Jeder fühlt sich schlecht wegen dem, was er tut oder nicht tut. Warum solltest du anders sein?

Aber die Frage ist, ändert sich schuldig zu fühlen jemals irgendetwas oder macht es etwas besser? Natürlich nicht. Schuld ist nicht real. Alles, was sie bewirkt, ist, dich im Hamsterrad des Verkehrtseins festzuhalten.

Hast du jemals jemanden in deinem Leben gehabt, der wollte, dass du tust, was er für richtig hielt? Natürlich, wer nicht? Die meisten Menschen auf dieser Welt denken, dass sie recht haben und wollen, dass andere sich ihrer Reise des Rechthabenwollens anschließen. Tatsächlich möchten die meisten lieber recht haben als frei sein. Wie ist es für dich? Möchtest du lieber recht haben oder frei sein?

Für alle Richtigkeit, an die du glaubst, musst du eine Verkehrtheit beibehalten. Die Leute haben alle möglichen kreativen Wege, um dich dazu zu bringen zu tun, was sie wollen. Eine der liebsten Varianten besteht darin, jemanden dazu zu bringen, dass er sich schuldig fühlt. Nachdem du dieses Kapitel gelesen hast, beginnst du vielleicht zu sehen, dass Leute verschiedene Arten haben, andere dazu zu bringen, sich schuldig zu fühlen, wenn diese nicht das tun, was sie wollen. Anderen Schuldgefühle zu verursachen ist eine Art, um die Kontrolle über andere aufrechtzuerhalten. Der Trick ist hier, dies als eine Strategie anzuerkennen, die andere Leute anwenden, und es nicht real zu machen.

Was hast du real gemacht, das es nicht ist?

Wenn du das Verursachen von Schuldgefühlen real machst, tappst du in die Falle. Du wirst alles tun, um den Schaden wiedergutzumachen, von dem der andere meint, du habest ihn angerichtet.

Was hast du real gemacht, das es nicht ist?

**Alles, was das ist, zerstörst und
unkreierst du das bitte? Danke.**

**Right and wrong, good and bad, pod and
poc, all 9, shorts, boys and beyonds.®**

Du kannst dieses Clearing Statement immer wieder laufen
lassen. Es gibt eine Menge, das du real gemacht hast, das es nicht
ist. Tatsächlich machst du jedes Mal, wenn du dich schlecht fühlst
wegen etwas, das du getan hast, etwas real, das es nicht ist.

Verheiratete Pärchen sind häufig sehr versiert im gegenseitigen
Verursachen von Schuldgefühlen. Da ist dieser bestimmte Blick, der
beim Partner Horror auslöst: „Schon wieder dieser Blick . . . Ich
habe etwas falsch gemacht . . .“

Seine Emotionen einzusetzen ist eine der häufigsten Arten, um
Macht über jemand anderen zu erlangen: „Wenn du das nicht für
mich machst, machst du mich traurig.“ Das nennt man emotionale
Erpressung. Die Leute tun dies einander ständig an. Sie behaupten,
verletzt, traurig bzw. wütend zu sein, wenn der andere nicht tut, was
sie wollen. Du wirst wahrscheinlich die Person, die dich emotional
erpresst, nicht ändern können, aber du kannst aufhören, dem ausgeliefert zu sein.

Wie?

Indem du anerkennst, was vor sich geht, und es nicht ernst
nimmst. Dies ist eine großartige Taktik, die man erlernen und anwenden kann. Die Frage ist: Bist du wirklich bereit, so unkontrol-
lierbar zu sein? Oder möchtest du lieber vorgeben, das Opfer anderer
Leuten und dieser Realität zu sein?

Emotionen sind nicht real. Sie sind eine künstliche Intensität,
die dazu gedacht ist, dich kontrollierbar zu halten. Sie sind eine
Kreation. Hast du jemals beobachtet, wie Leute gestritten haben
und es schien alles wie Theater? Du wusstest, dass sie die Wahl

hatten, jederzeit aufzuhören, wenn sie es wählen würden. Aber es gibt einen Punkt, wo man so weit gegangen ist – wo man dieses Spiel so real gemacht hat – dass man denkt, man kommt nicht mehr heraus. Das ist der Punkt, wo du denkst, du wirst verrückt . . . nun, das bist du. Du hast etwas real gemacht, das es nicht ist.

Erinnere dich daran, dass das, was leicht ist, richtig ist, und das, was schwer ist, eine Lüge. So einfach. Wenn etwas in deinem Leben auftritt, das schwer ist, ist es nicht real. Du hast es real gemacht. Andere machen es vielleicht real. Eine Realität wird erschaffen, wenn zwei Menschen in etwas übereinstimmen und sich danach ausrichten. Das ist alles, was es braucht, um eine Realität zu erschaffen. Wie viel machst du real, nur, weil andere es tun?

Wir haben gelernt, auf die Dinge zu hören, die schwer und fest sind, wie fixe Ansichten, Bewertungen und Schlussfolgerungen. Sie alle basieren auf Polarität. Sie haben alle einen positiven und einen negativen Pol – glücklich und traurig, gut und schlecht, richtig und falsch. Dies hält diese Welt für real. Nun, das ist es nicht. Dies sind alles nur Kreationen. Eine Person denkt sie sich aus, eine andere stimmt zu, die nächste ist anderer Meinung. Und da haben wir's. Es ist ein Spiel, das diese Welt schon so lange gespielt hat.

Es ist an der Zeit, darüber hinauszugehen. Die Dinge, die über die Polarität hinausgehen, sind so leicht, dass die Leute meinen, es kann nicht möglich sein. Wenn es einfach wird, haben die Leute diese seltsame Ansicht, es sei nicht real. Doch ist es realer als die erfundenen Bewertungen und Emotionen, die die Menschen benutzen, um sich gegenseitig zu kontrollieren. Wenn du damit anfängst, das Licht anzuschalten und dich selbst sehen zu lassen, was ist, anstatt das, was du erfunden und von anderen abgekauft hast, wirst du überrascht sein, wie viel du real gemacht hast, das es nicht ist.

Sachen wie Wut, Rage, Zorn, Hass, Vorwurf, Scham, Bedauern, Schuld, Angst, Zweifel – Emotionen, Gefühle, Gedanken – bestimmen diese Realität. Alle diese Emotionen, Gefühle und Gedanken sind Ablenkungen und Erfindungen. Was real ist, sind

Wahl, Möglichkeit und Beitrag. Dies sind die Elemente wahrer Veränderung. Du stellst eine Frage, um eine Möglichkeit zu kreieren. Du wählst und trägst der Vorwärtsbewegung in deinem Leben bei.

Die Dinge, die leicht und einfach sind, sind die Möglichkeiten, die dein Leben erweitern. Sie bringen dein Herz zum Singen. Sie bringen so viel Energie in dein Leben und deinen Körper, dass du weniger Schlaf und weniger Nahrung benötigst. Sie geben dir Zugang zum unaufhaltsamen Du. Wünschst du dir das? Oder möchtest du dich lieber von anderen durch ihre Emotionen kontrollieren lassen?

Sobald du anerkennst, dass andere ihre Emotionen benutzen, um dich zu kontrollieren, hast du Wahl. Du kannst in die Falle tappen und denken, dass du etwas falsch gemacht hast und den entstandenen Schaden wiedergutmachen musst, indem du tust, was der andere von dir will. Oder du kannst dir selbst sagen: „Sehr süß, dass du versuchst, mich so zu kontrollieren. Netter Versuch. Diesmal nicht!" Dann kannst du wählen, ihn denken zu lassen, er habe gewonnen. Gib den Leuten recht, wenn sie recht haben wollen. Es gibt ohnehin kein Richtig oder Falsch, warum solltest du dir also die Mühe machen? Warum solltest du darum kämpfen, recht zu haben, wenn du frei sein kannst? Überlasse den anderen den Kampf ums Rechthaben und lass sie recht haben.

Wie sehr kämpfst du darum, recht zu haben?

Alles, was das ist, zerstörst und unkreierst du das bitte? Danke.

Right and wrong, good and bad, pod and poc, all 9, shorts, boys and beyonds.®

Das ist ein wirklich guter Prozess. Lass ihn noch einmal laufen.

So viele Menschen wollen anderen sagen, was für sie wahr ist. Du denkst, du hast recht und sie haben unrecht und dass du sie das wissen lassen musst. Alles, was dies bewirkt, ist Widerstand und nichts weiter. Ist es das, was du mit anderen Menschen kreieren möchtest?

Eine Klientin sagte mir, sie wolle ihrem Mann erzählen, was für sie wahr ist, und dass er ihr zuhören sollte, weil er ihr Ehemann ist. Ich fragte sie, wie lange sie schon verheiratet seien. „Fünfzehn Jahre", meinte sie. Ich fragte: „Wie gut hat dieser Ansatz von dir bisher denn funktioniert?" Sie war ein wenig verblüfft und merkte, dass dies überhaupt nicht funktioniert hatte. Alles, was es brachte, war, dass es ihren Mann abstieß und eine Trennung zwischen ihnen schuf.

Recht haben zu wollen, funktioniert nie. Alles, was du dann haben kannst, ist recht, und nichts verändert sich.

Du hast deine Ansicht. Andere haben ihre. Wer sagt, dass die eine richtig ist und die andere falsch? Das sind alles nur Ansichten und nicht real. Du kannst deine Flexibilität trainieren und sie jederzeit ändern, wenn du das möchtest.

Machst du dir Gedanken, dass du andere nicht belügen solltest und ihnen „deine Wahrheit" erzählen musst? Wie sehr erzählst du anderen die Wahrheit und belügst dich selbst? Wenn du dich selbst bewertest, belügst du dich selbst darüber, wie schrecklich und falsch du bist. Ist das in Ordnung für dich? Aber anderen zu erzählen, was sie hören wollen, ist nicht in Ordnung für dich? Findest du das nicht ein bisschen verrückt?

Sag den Leuten, was sie hören wollen. Das ist keine Lüge. Es ist keine Lüge dir gegenüber; es ist für sie wahr. Wenn du den Menschen das erzählst, was sie hören wollen, werden sie dich immer für ehrlich halten. Das ist alles, was die Leute hören wollen. Du meinst, Unterhaltungen mit Menschen haben zu müssen. Dies ist eine der größten Illusionen, denen die Leute nachhängen. Die meisten Leute wollen nicht hören, was du zu sagen hast. Sie wollen, dass du ihnen sagst, was sie hören möchten. Sie möchten einen Monolog, keine Unterhaltung. Wenn du das anerkennst, wird dein Leben einfacher.

Erzwinge keine Unterhaltung, wenn alles, was gewünscht wird, ein Monolog ist.

Wie oft zensierst du, was du sagst, oder beobachtest dein Verhalten, damit du nicht das Risiko eingehst, andere zu verärgern? Das erfordert so viel Zeit und Energie. Du verwendest deine kreative Energie, um Schadensbegrenzung zu betreiben, anstatt sie dazu einzusetzen, Möglichkeiten zu schaffen. Stell dir vor, was du kreieren könntest und wie dein Leben sein könnte, wenn du alle diese Energie zur Kreation einsetzen würdest? Bist du wirklich so böse, dass du dich ständig selbst zensieren und sicherstellen musst, dass deine Bösartigkeit die Welt nicht zerstört?

All die implantierten Ansichten, die du über dich hast, und wie böse du bist und dass deine Bösartigkeit, wenn du aufhörst, sie durch Schuld zu kontrollieren, die Welt zerstören würde, zerstörst und unkreierst du das alles jetzt bitte? Danke.

Right and wrong, good and bad, pod and poc, all 9, shorts, boys and beyonds.®

Religionen lieben Schuld. Jede Religion hat ihre Dogmen. Wenn du dem nicht zustimmst und dich danach ausrichtest, liegst du falsch. Vielen Religionen zufolge bist du schon bei der Geburt falsch. Es gibt ein ständiges Verkehrtsein, das wiedergutgemacht werden muss.

Die Herkunft der meisten Religionen hingegen war etwas ganz anderes als das. Es ging darum, großartig zu sein. Später wurde es ins Verkehrtsein verdreht. Dasselbe gilt für die Psychologie. Bei der Psychologie ging es früher um Ermächtigung. Später wurde dies in Bewertungen verwandelt.

Du kannst dein ganzes Leben damit verbringen, dein Verkehrtsein wiedergutzumachen. Oder du kannst damit aufhören und dein

Leben dazu nutzen, wirklich zu leben und zu sein, was die Welt braucht, dass du bist . . . nämlich du selbst.

**Welche Überzeugungen machst du realer
und wertvoller als das, was du weißt?**

**Alles, was das ist, zerstörst und
unkreierst du das bitte? Danke.**

**Right and wrong, good and bad, pod and
poc, all 9, shorts, boys and beyonds.®**

VERTRAUE AUF DEIN WISSEN

In dieser Realität wird man so sehr darauf abgerichtet, bei anderen Menschen oder Institutionen nach den Antworten zu suchen, dass du vergisst, auf das zu vertrauen, was du weißt – was das wertvollste Produkt ist, das die Welt bereichert.

Es ist so weit verbreitet, dass die Menschen ihrem Wissen nicht vertrauen. Zum Beispiel haben die meisten Eltern nicht gelernt, sich selbst als Eltern zu vertrauen, weil ihnen niemand gezeigt hat, dass sie sich selbst vertrauen können. Bist du ermächtigt worden zu wissen, dass du weißt, oder wurde dir gezeigt, dass man dir nicht vertrauen kann?

Während meines Psychologiestudiums schrieb ich meine Abschlussarbeit über Mütter, die gerade ihr erstes Kind bekommen hatten und inwiefern sie bei der Versorgung ihres Kindes ihrem eigenen Wissen vertrauten. Ich basierte meine Recherche auf Treffen mit den Müttern und meine Arbeit mit ihnen und ihren Babys bei ihnen zu Hause.

Alle Mütter, die ich traf, hatten viele Bücher über Kindererziehung gelesen. Die meisten waren besorgt, keine gute Mutter zu sein. Sie vertrauen nicht auf ihr Wissen darüber, wie sie mit ihren Babys umgehen sollten. Nach meiner Arbeit mit ihnen wurden ihnen das bewusst. Sie fingen an, auf das zu vertrauen, was sie wussten, und begannen, viel mehr Leichtigkeit damit zu haben, mit ihren Babys zu sein und zu kreieren.

Es war unglaublich, daran teilzuhaben. Sie wussten nicht nur, was ihre Babys brauchten, sie begannen auch die Einzigartigkeit ihrer Kinder wahrzunehmen und den Beitrag, den ihr Baby ihnen brachte. Es ging nicht mehr nur darum, was die Mutter dem Kind geben konnte, sondern auch um die Fähigkeit des Babys, der Mutter ein Geschenk zu sein, was das Baby von früh an ermächtigte, zu sein, was es in der Welt war . . . nämlich ein Geschenk.

**Überall, wo du dein Wissen wegen der Ansichten
anderer Leute aufgegeben hast, und überall, wo du
nicht das wahre Geschenk bist und empfängst, das du
bist, zerstörst und unkreierst du das bitte? Danke.**

**Right and wrong, good and bad, pod and
poc, all 9, shorts, boys and beyonds.®**

Indem ich mit diesen Müttern arbeitete, fand ich heraus, dass sie ein intuitives Wissen davon haben, was ihr Kind in jedem Moment braucht. Allerdings sind sie für dieses Wissens nicht anerkannt worden. Tatsächlich waren sie so sehr vom Gegenteil überzeugt worden, dass sie aufhörten, sich selbst zu vertrauen. Du weißt, was du brauchst, immer. Du weißt, was dein Baby braucht, immer.

**Überall, wo du zugelassen hast, dass andere dich
von deinem Wissen abgebracht haben und wo du
dich selbst von deinem Wissen abgebracht hast,
zerstörst und unkreierst du das jetzt alles bitte?**

**Right and wrong, good and bad, pod and
poc, all 9, shorts, boys and beyonds.®**

Auf das zu vertrauen, was du weißt, ist einer der wichtigsten Bestandteile, um das Leben zu erschaffen, das für dich funktioniert. Was du weißt, kommt zu dir mit Leichtigkeit. Es erfordert kein Denken oder Berechnen oder Kalkulieren. Es ist da, wenn du darum bittest.

Frage: „Was braucht es, um diese Situation zu verändern?" Dann warte und lasse die Informationen zu dir kommen. Überstürze das nicht.

Eltern geben ihr Bestes mit den Werkzeugen, die ihnen zur Verfügung stehen. Ihnen wurde beigebracht, dass ihre Aufgabe darin besteht, ihre Kinder zu kontrollieren. Kannst du je die Kontrolle über irgendjemand haben? Nein. Erst recht nicht über Kinder. Du kannst sie inspirieren und manipulieren, doch ihnen zu sagen, was sie tun sollen oder sie dazu zu bringen, zu tun, was du willst, führt zu nichts anderem als Widerstand. Die meisten Eltern, die meinen, ihre Aufgabe bestünde darin, ihre Kinder zu kontrollieren, erkennen am Ende, dass sie ihre Kinder nicht kontrollieren können, und kommen zu dem Schluss, dass sie schlechte Eltern sind, weil sie denken, bei ihrer Mission, ihre Kinder unter Kontrolle zu haben, gescheitert zu sein. Was wäre, wenn Kontrolle nicht die Aufgabe von Eltern wäre? Als Elternteil hast du die Aufgabe, deine Kinder zu ermächtigen zu sein, wer sie wirklich sind.

Die Grundbewertung, die Eltern von sich haben, ist, nie genug zu sein und zu tun. Jeder einzelne Elternteil, den ich je getroffen und mit dem ich je zusammengearbeitet habe, hatte diese Bewertung über sich. Bei jedem Kurs, den ich facilitiere, kommt dieses Thema auf – egal, wo auf der Welt ich bin. Hast du dich gefragt, woher dieser Irrsinn kommt?

Alles, was du jemals über dich abgekauft hast im Hinblick darauf, ein Elternteil zu sein, schicke alles mit Bewusstsein angehängt zurück an den Absender. Es macht keinen Unterschied, wer der ursprüngliche Absender war, der diesen Irrsinn kreiert hat. Schicke es einfach zurück. „Mit Bewusstsein angehängt" bedeutet, dass die Menschen, die das als real ansehen, die Wahl haben, es entweder loszulassen oder zu behalten. Sie haben *Wahl*. Nicht gut genug zu sein ist eine Bewertung, die so lange weitergeht, wie du sie real machst. Bewertungen vermehren sich, sobald du eine davon real machst. Sie sind ein Kaninchenloch, in das du fällst, das kein Ende findet. Was wäre, wenn das Loch nie real war?

Was hast du so lebensnotwendig daran gemacht, eine gute Mutter oder ein guter Vater zu sein, was dich in einem ständigen Zustand der Bewertung festhält? Alles, was das ist, zerstörst und unkreierst du das alles? Danke.

Right and wrong, good and bad, pod and poc, all 9, shorts, boys and beyonds.®

Frage dich: „Welcher Beitrag bin ich für meine Kinder, den ich nicht anerkannt habe?"

Bitte darum, dass dir gezeigt wird, was für ein großartiger Elternteil du bist, was du bisher nicht bereit gewesen bist zu sehen. Schreibe alles auf, was dir einfällt. Wenn du möchtest, kannst du deine Kinder um Hilfe bitten.

Meine Mutter sagte mir, sie fühlte sich schuldig, weil sie so viel arbeitete, als ich klein war. Sie fühlte sich schlecht, dass sie nicht mehr Zeit für mich hatte. Ich ließ sie wissen, dass ich sehr gerne alleine zu Hause war. Ich liebte es! Meine Freunde waren eifersüchtig, weil ihre Mütter zu Hause auf sie warteten und alle möglichen Fragen stellten über die Schule und wie es war und was sie gelernt hatten und was sie gegessen hatten und sicherstellten, dass sie ihre Hausaufgaben machten. Ich kam nach Hause und kochte mir das Essen, das ich essen wollte und tat den Rest des Tages, was ich wollte. Ich hatte die Wahl. Das war absolut genial für mich. Als ich meiner Mutter das erzählte, war sie vollkommen erleichtert. Hätte sie mich nicht gefragt, würde sie sich immer noch schuldig fühlen.

Manchmal brauchst du nur mehr Informationen. Bitte darum. Bitte darum, dass dir gezeigt wird, welches Geschenk du für die Menschen um dich herum bist.

Und was immer hilft, ist Dankbarkeit. Dankbarkeit für das, was du bist. Dankbarkeit ist ein tolles Gegenmittel gegen Bewertung. Dankbarkeit erfordert nicht von dir, dass du perfekt bist. Kein Kind braucht perfekte Eltern. Es braucht, dass du bist, wer du bist, und dich selbst nicht dafür bewertest, dass du nicht genug tust. Es ist nicht angenehm, mit jemandem zusammen zu sein, der sich ohne Unterlass bewertet. Kinder können das spüren. Es bewirkt ein Zusammenziehen in deiner Welt, das sehr unangenehm ist, ganz besonders für Kinder, denn sie sind äußerst gewahr.

Wenn du dir selbst erlaubst zu sein, wer du bist und zu tun, was du tust, ohne dich selbst zu bewerten, selbst, wenn du gerade etwas getan hast, das nicht zu dem Ergebnis geführt hat, das du wolltest, lädt sie das zu einem Raum absoluter Erlaubnis ein. Wenn du dich selbst für nichts bewertest, zeigst du deinen Kindern, dass es keine Notwendigkeit gibt, sich selbst oder andere zu bewerten. Anstatt zu bewerten, kannst du ihnen zeigen, dass jede Wahl Gewahrsein kreiert.

Wenn deine Wahl nicht das Ergebnis herbeigeführt hat, das du wolltest, ändere einfach deine Wahl. Diese neue Wahl setzt dich auf eine ganz andere Route. Du musst nichts bewerten. Wähle einfach. Wenn du deinen Kindern zeigst, dass sie nicht bewerten müssen und stattdessen wählen können, änderst du damit unsere Welt. Eine Welt, in der keine Notwendigkeit herrscht zu bewerten, wäre wirklich eine andere Welt. Wenn du nicht bewertest, kannst du dich mit Leichtigkeit ändern.

Was wäre, wenn du statt eines Elternteils ein Anführer wärst? Eltern zu sein, bringt so viele Projektionen, Erwartungen, Bewertungen, Ablehnungen und Abtrennungen mit sich. Wenn du ein Anführer bist, vertraust du auf dein Wissen und benutzt dein Wissen, um andere so zu ermächtigen, wie sie es brauchen, ohne eine Ansicht über das zu haben, was sie wählen.

Ein Anführer zwingt anderen seine Ansicht nicht auf, sondern schafft den Raum, dass andere wählen können. Du solltest für deine Kinder den Raum schaffen, wo sie wählen und herausfinden können, was für sie funktioniert, und wie sie ihr Leben gerne kreieren würden. Wenn du Raum kreierst, hast du keine bestimmten Erwartungen an das Ergebnis oder operierst aus Bewertung, sondern aus vollkommener Erlaubnis. Du lässt das Bedürfnis los, andere zu retten oder glücklich zu machen, wenn sie lieber unglücklich sind. Den Menschen zu erlauben zu wählen, was sie wählen, bis sie ihre Wahl ändern, kreiert einen Raum, wo der andere keinen Widerstand gegen dich aufbauen muss, sondern die Möglichkeit hat, herauszufinden, was er gerne wählen würde.

Ein Anführer zu sein bedeutet, jemandes Zone zu erweitern. Die meisten Eltern denken, sie müssen Wut anwenden, um ihre Kinder zu kontrollieren. Oft sind sie noch nicht einmal wütend, kreieren jedoch Wut, um das Ergebnis zu erzielen, das sie meinen erreichen zu sollen. Wenn du Kinder hast, weißt du, dass es ein auswegloses Unterfangen ist, sie dazu zu bringen, dir zu gehorchen. Doch hast du beschlossen, die Aufgabe von Eltern wäre, Kinder zu haben, die gehorchen? Ist dies wirklich *dein* Ziel? Oder hast du beschlossen, dass dies dein Ziel sein sollte, um ein guter Elternteil zu sein?

> **Überall, wo du beschlossen hast, deine Kinder
> dazu zu bringen, dir zu gehorchen, ist das Ziel,
> das du haben solltest, zerstörst und unkreierst du
> das jetzt und findest heraus, was dein wirkliches
> Ziel mit deinen Kindern sein könnte?**
>
> **Right and wrong, good and bad, pod and
> poc, all 9, shorts, boys and beyonds.®**

Ich habe einen Freund, der ständig wütend wird, wenn seine Kinder nicht tun, was er von ihnen verlangt. Er kreiert eine künstliche Intensität, indem er genügend Energie aufbringt, um wütend zu erscheinen und so die Situation zu manipulieren. Und dann, um sicherzugehen, dass er ehrlich ist, überzeugt er sich selbst, dass er wirklich wütend ist. Er wendet Intensität an, um Situationen mit seinen Kindern zu verändern, und kreiert dann von da aus Wut, anstatt anzuerkennen, dass er diese Intensität überhaupt erst erzeugt, und damit dann die Wut. Viele Menschen wenden die Intensität, die sie verwenden, um eine Situation zu verändern, falsch an und verwechseln sie mit Wut.

Es ist wirklich schwierig, sich selbst ernst zu nehmen, wenn man Wut erfindet, um eine Situation zu verändern. Was wäre, wenn du über dich selbst lachst? Deine Kinder tun das, wenn du vorgibst, etwas zu sein, das du nicht bist.

Kinder sind so sehr daran gewöhnt, keine Wahl zu haben und dass von ihnen erwartet wird zu tun, was die Erwachsenen wollen. Ihnen das Gespür davon zu geben, dass sie wählen können, erlaubt ihnen, den Raum zu genießen, der sie sind. Sie sind dann weniger scharf darauf, sich aufzuführen und zu rebellieren.

Viele meiner Freunde mit Kindern haben gelernt, ihre Kinder zu nichts zu zwingen, sondern sie zu fragen. Wenn Kinder nicht das Gefühl haben, als falsch hingestellt zu werden, wenn sie nicht das Gefühl haben, sich gegen ihre Eltern wehren zu müssen, tun sie in der Regel, worum gebeten wird. Eltern sind immer erstaunt, dass dieser Ansatz so viel besser funktioniert und so einfach ist.

Natürlich bedeutet das nicht, dass Eltern alles tolerieren sollten. Es gibt Momente, wo die Eltern eingreifen müssen, eine Grenze ziehen und feststellen müssen, dass das, was gerade geschieht, nicht funktioniert. Aber das ist kein Versagen. Weder aufseiten der Kinder noch der Eltern. Wenn du deine Erwartungen an deine Kinder und dich selbst loslässt, wie du und sie sein oder sich verhalten sollten, kann es keine Fehler geben. Du wählst, sie wählen, und was nicht funktioniert, kann geändert werden.

Jedes Mal, wenn du an einer Ansicht oder einer Erwartung festhältst, wie etwas sein sollte, bleibst du in der Vergangenheit hängen, was dich davon abhält, in der Zukunft etwas anderes zu kreieren. Wenn deine Kinder nicht tun, was du willst, werde nicht wütend oder denke, irgendjemand habe unrecht. Frage einfach: „Gut, was nun? Was braucht es, um diese Situation zu ändern? Muss etwas unternommen werden? Wenn ja, was?"

Eine andere Sache, die die meisten Eltern tun, ist, dass sie die Wahlen ihrer Kinder persönlich nehmen. Sie denken, wenn ihre Kinder wählen, obdachlos und arbeitslos zu sein, sei es ihre Schuld, weil sie als Eltern nicht gut genug waren. Das ist nicht wahr. Deine Kinder wählen, was sie wählen, weil sie es wählen. Das ist nicht persönlich. Vielleicht tun sie es gegen dich oder gegen sich, oder beides. Dennoch ist es nicht persönlich. Wir sind so sehr daran gewöhnt, alles, was um uns herum geschieht, auf uns zu beziehen, doch wie soll das, was andere Menschen wählen, etwas mit uns zu tun haben? Es geht um sie und was sie meinen tun zu müssen.

Überall, wo du alles persönlich nimmst, zerstörst und unkreierst du all das bitte? Danke.

Right and wrong, good and bad, pod and poc, all 9, shorts, boys and beyonds.®

Als Anführer besteht deine Aufgabe darin, die Zonen anderer Leute zu erweitern. Du bietest den Raum, in dem die Person wachsen kann. Finde heraus, was für denjenigen funktioniert und wie er sein Leben gerne kreieren würde. Wie machst du das? Indem du keine Ansicht darüber hast, was derjenige sein oder wählen sollte. Indem du Fragen dazu stellst, was er gerne wäre und wählen würde und was er gerne als sein Leben kreieren würde. Indem du Erlaubnis praktizierst.

Jemandes Zone zu erweitern, ist, wenn du dir der Person gewahr bist und dessen, was sie jenseits ihrer Ansichten ist, über das hinaus, was sie beschlossen hat zu sein, über ihre eigenen Definitionen und die anderer Menschen hinaus. Das erfordert Übung. Wir sind daran gewöhnt, die Menschen so wahrzunehmen, wie sie möchten, dass wir sie sehen. Die Menschen präsentieren nach außen das, was sie möchten, dass du siehst.

Wenn du merkst, dass du eine Ansicht über jemanden hast, frage dich: „Ist dies wirklich meine Ansicht, oder ist dies die Ansicht dieser Person über sich selbst, die sie möchte, dass ich sie über sie denke?" Versuche nicht, es herauszufinden. Du weißt genau, was los ist. Eine andere Art, die Frage zu stellen, wäre: „Wer und was ist diese Person über das hinaus, wer und was sie meint zu sein?"

Dann nimmst du diese Person mit sanftem Fokus wahr, anstatt dich auf sie zu konzentrieren, und schaust dir ihre Welt und alles drumherum an, um ein Gefühl davon zu bekommen, wer sie beschlossen hat zu sein und wer sie wirklich ist. Je mehr du das tust, umso leichter wird es dir fallen. Dies ist nicht etwas, das uns beigebracht wurde. In dieser Welt haben wir gelernt, alles für bare Münze zu nehmen und die Dinge so zu nehmen, wie sie erscheinen, anstatt Fragen darüber zu stellen, was wirklich ist.

Erweiterst du deine Zone oder ziehst du sie zusammen, sobald es um Familie geht? Die meisten Menschen gehen in den Familienmodus, sobald das Thema oder die Nähe zur Familie aufkommt. Wie oft wechselst du in den Familienmodus und verlierst dich selbst und wunderst dich, warum du so zusammengezogen bist?

Ich habe einen Freund, der darin sehr gut ist. Er bewirkt großartige Veränderungen in seinem Business, aber dann geht er nach Hause zu seiner Familie, wo er beschlossen hat, dass er nur der Papa ist und dass es keine Magie in seinem Alltag geben kann. Magie kann seiner Ansicht nach nur dann eintreten, wenn er arbeitet. Die „Nicht-Magie" zeigt sich in Form von schreienden Kindern und keinem Raum für ihn. Er erfindet sich selbst als ein Vater.

Wie viele Erfindungen von dir verwendest du, um das „du mit Familie" zu kreieren, wählst du? Alles, was das ist, zerstörst und unkreierst du das alles? Danke.

**Right and wrong, good and bad, pod and
poc, all 9, shorts, boys and beyonds.®**

Wie sehr machst du dich selbst müde und langsam, um der Energie deiner Familie zu entsprechen? Wie viel Energie verwendest du, um nicht zu glücklich in der Nähe deiner Familie zu sein?

Was wäre, wenn du dich nicht stoppen würdest, egal, von wem du gerade umgeben bist?

Was wäre, wenn du von jetzt an üben würdest, *du zu sein*, wenn du bei deiner Familie bist? Selbst, wenn es dir nicht gleich gelingt, oder auch nach vielen Malen; übe einfach weiter.

**Welche Energie, welcher Raum und welches
Bewusstsein kann ich sein, um ich zu sein, mit
absoluter Leichtigkeit? Alles, was dem nicht erlaubt,
sich zu zeigen, zerstörst und unkreierst du das?**

**Right and wrong, good and bad, pod and
poc, all 9, shorts, boys and beyonds.®**

Verlierst du dich in anderen? Wie sehr lebst du dein Leben für andere? Wir alle wissen, wie leicht es ist, in die Welten anderer Leute hineinzustolpern. In dem Moment, wo wir nicht präsent sind, neigen wir dazu, uns in der Welt anderer Leute zu verlieren.

Wie kannst du das verändern? Fange an, dich deinem eigenen Leben zu verschreiben.

Dich deinem eigenen Leben voll und ganz zu widmen, ist eine Art, mit dir und deinem Leben präsenter zu sein. Fordere genau jetzt von dir: „Egal, was es braucht und wie auch immer es aussieht, ich werde mich nun meinem eigenen Leben voll und ganz verschreiben." Du musst keine Klarheit darüber haben, wie das aussehen wird oder was du zu tun hast. Dies ist keine kognitive Wahl, die deinen Verstand involviert. Es ist eine Wahl, die du für dich und dein Leben triffst.

Dich zu verschreiben, bedeutet, dass du Teil deines Lebens bist, anstatt es von anderen bestimmen zu lassen. Es bedeutet auch, alle Notausgänge zu schließen. In wie vielen Bereichen deines Lebens hältst du dir die Notausgänge offen, damit du im Notfall gehen kannst? Viele Menschen sind ihren Notausgängen mehr verpflichtet als ihren Kreationen.

Wie steht es mit dir?

Bist du bereit, deine Notausgänge zu schließen und dich voll und ganz auf dein Leben einzulassen? Wie viel Energie hättest du zur Verfügung, wenn du wählen würdest, dich dir selbst zu verschreiben?

Wie?

Wähle einfach.

Genau jetzt.

Und schau, was sich für dich und dein Leben verändert.

Dies ist keine einmalige Wahl. Es erfordert von dir, jeden Tag zu wählen. Keine Sorge, es braucht weder Arbeit noch Zeit. Nur deine Wahl!

ELF

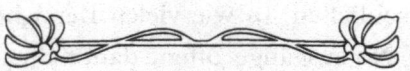

Heilst du deine Familie?

Wenn man versucht, jemanden zu heilen, bedeutet das, dass man die Ansicht hat, etwas sei falsch, das in Ordnung zu bringen ist. Das ist in unserer Welt sehr normal. Und doch ist es nur eine Ansicht. Ansichten nicht real, bis wir sie real machen. Wenn du die Ansicht hast, dass etwas falsch ist, wirst du nichts anderes als das sehen. Deine Ansicht kreiert deine Realität.

Was hast du beschlossen, dass mit deiner Familie falsch ist, was dich in der Ansicht feststecken lässt, sie müsse geheilt werden?

Du bist derjenige, der beschließt, dass etwas falsch ist. Etwas Falsches ist nur eine Ansicht, keine Realität. Was wäre, wenn das, was deine Familie wählt, nichts weiter ist als eine Wahl, weder richtig noch falsch? Wenn du denkst, ihre Wahlen seien nicht gut, gehst du in den Superheldenmodus und versuchst, jemanden zu reparieren, der noch nicht einmal weiß, dass er kaputt ist. Noch wünscht er sich, in Ordnung gebracht zu werden.

Menschen wählen ihre Begrenzungen. Es gibt nichts Rationales an einem Problem, das jemand wählt. Probleme sind Dinge, die wir erschaffen. Die meisten Menschen sind großartig darin, sich Gründe und Rechtfertigungen dafür auszudenken, dass sie ein Problem haben: „Ich fühle mich so schlecht, weil meine Familie mich schlecht behandelt hat." „Ich kann nicht das Leben haben, das ich möchte, weil ich eine schlechte Kindheit hatte."

Die meisten Menschen möchten lieber recht haben mit ihren Begrenzungen, als frei zu sein. Wie ist es bei dir? Möchtest du lieber recht haben oder frei sein? Es braucht Mut, deine Probleme aufzugeben und frei zu sein, weil dich das seltsam macht in einer Welt, in der es normal ist, Probleme zu haben. Unterhaltungen würden nicht mehr darin bestehen, über Probleme zu jammern, sondern sich zu einem Wundern darüber wandeln, dass Leute ihr ganzes Leben damit verbringen, Probleme zu kreieren und sie dann zu lösen und dann neue Probleme zu kreieren und wieder zu lösen.

Wenn du eine Ansicht abkaufst, dass du ein Problem hast, verstärkst du das Problem. Wenn du versuchst, jemandes Problem zu lösen oder ihn zu heilen, projizierst du auf denjenigen, dass er ein Problem hat und geheilt werden muss. Du hilfst ihm dabei, das Problem realer zu machen. Ist dies wirklich, was du für dich und andere kreieren möchtest?

Solange dein Ziel ist, zu bewirken, dass es dir und anderen besser geht, hast du keine andere Wahl, als Bewertungen real zu machen. Heilen in dieser Welt bedeutet, etwas „besser" zu machen; darin liegt bereits die Ansicht, dass etwas schlecht, falsch oder nicht gut genug ist. Beim Heilen geht es nicht darum, irgendetwas besser zu machen. Es geht um Veränderung. „Besser" ist eine Bewertung. Bei Veränderungen geht es um Wahl. Wenn du versuchst, gut oder perfekt zu sein, oder wenn du versuchst, jemand anders gut oder perfekt zu machen, bewertest du, anstatt Veränderungen einzuladen.

> Was hast du so lebensnotwendig daran gemacht,
> gute und perfekte Eltern zu besitzen, was dich in
> einem ständigen Zustand von Bewertung statt
> Sein und Empfangen festhält? Alles, was das ist,
> zerstörst und unkreierst du das alles? Danke.
>
> Right and wrong, good and bad, pod and
> poc, all 9, shorts, boys and beyonds.®

Das Bewerten hält dich vom Empfangen und Sein ab. Wenn du eine Mission hast, jemanden oder etwas zu verändern, bewertest du ihn, anstatt du zu sein und ihn so zu empfangen, wie er ist, ohne eine Ansicht. Was ist einfacher? Bewerten oder Sein und Empfangen? Es scheint, als ob das Bewerten einfacher wäre, weil wir das so lange geübt haben, aber das scheint nur so.

Lass deine Ansicht los, dass es ein Problem gibt. Sage: „Interessante Ansicht, dass ich diese Ansicht habe." Sage es wieder, diesmal energischer: „Interessante Ansicht, dass ich diese Ansicht habe!" Es ist so normal in unserer Welt, Probleme mit seiner Familie zu haben. Versuchst du, normal zu sein oder könntest du wählen, du zu sein? Das verrückte Du, das kein Problem haben und nicht normal sein muss?

Höre dir Unterhaltungen in Cafés an. Wie oft dreht es sich um Probleme, die die Leute haben? „Oh, meine Mutter . . .", „Oh, mein Mann . . .". Jeder hat ein Problem.

> Was hast du beschlossen, ist dein Problem?
>
> Alles, was das ist, zerstörst und
> unkreierst du das alles? Danke.
>
> Right and wrong, good and bad, pod and
> poc, all 9, shorts, boys and beyonds.®

Was wäre, wenn du kein Problem haben musst? Was wäre, wenn du frei von Problemen wärst?

Wenn du denkst, du musst deine Familie heilen oder sie glücklich machen, musst du ihr Unglück für sie tragen. Wie funktioniert das für dich? Hast du deinen Körper schwer gemacht und dein Leben schwer gemacht, indem du das Unglück deiner Familie trägst? Sind sie irgendwie weniger unglücklich, weil du ihre Sorgen mit dir herumschleppst? Oder erschaffen sie ihr Unglück immer und immer wieder, nur um zu beweisen, wie recht sie haben in ihrem Leiden? Die Menschen lieben es zu leiden. Ist das logisch? Nein. Es ist einfach, was es ist. Leiden lässt die Menschen glauben, dass sie recht haben. Ergibt das Sinn? Warum solltest du leiden, wenn du Leichtigkeit haben kannst?

Welche Leichtigkeit steht dir zur Verfügung, die du nun wählen kannst? Was wäre, wenn du inspirieren kannst, anstatt Probleme zu lösen?

Es gibt da draußen ein neues Paradigma für uns Veränderungsfans, also diejenigen von uns, die gerne eine großartigere Welt kreieren möchten. Es nennt sich . . . bist du bereit? Es nennt sich . . . Hab zu viel Spaß!

Wenn du Spaß hast, wirkst du inspirierend oder einschüchternd, oder beides.

Es wird Menschen geben, die dich ansehen und sagen: „Und aus welchem Grund habe ich dieses Problem bisher gewählt? Ich werde das jetzt ändern und auch mehr Spaß haben!" Es wird andere geben, die sich von deiner Freude eingeschüchtert fühlen und weglaufen. Das ist in Ordnung. Deine Aufgabe besteht nicht darin, alle mitzunehmen. Wenn du das zu deiner Aufgabe machst, musst du dich für immer bremsen.

Wir haben den Luxus der Wahl. *Du* kannst bestimmen, welches Leben du gerne erschaffen möchtest. Es gibt keine falsche und keine richtige Wahl. Wenn jemand wählt, es schwierig zu haben, ist das nicht falsch. Du kannst Erlaubnis dafür haben und die Notwendigkeit loslassen, ihn retten zu wollen. Wenn man jemanden rettet, ändert das nichts. Er wird in das nächste verfügbare schwarze Loch springen, sobald du dich umdrehst. Wenn man jemanden inspiriert und zulässt, dass er wählt, gibt ihm das die Wahl zu wählen und zu sehen, was die Wahl kreiert. Dieses Gewahrsein wird für immer ihm gehören.

Glücklich sein ist wahre Heilung. Das ist, wenn man wählt, was leicht ist und funktioniert. Was leicht ist, ist richtig, was schwer ist, ist eine Lüge. Und doch wurde uns unser ganzes Leben lang genau das Gegenteil beigebracht.

Wenn du versuchst, jemanden zu heilen, hast du bereits die Ansicht, dass er geheilt werden muss. Du projizierst die Notwendigkeit des Heilens auf ihn; und dies verfestigt sich in seiner Welt und seinem Körper. Du bist nicht böse, weil du diese Ansicht hast. Du wirst nur möglicherweise erkennen, dass es nicht so gut funktioniert, wie du gerne hättest. Anstatt andere heilen zu müssen, inspiriere sie. Sei glücklich! Lasse zu, dass die Leute wählen, was immer sie wählen müssen, solange sie es wählen müssen.

KÄMPFEN ODER EINLADEN?

Kämpfst du gegen deine Familie oder lädst du zu großartigeren Möglichkeiten ein? Streit ist eine verbreitete Gewohnheit in Familien. Einstein sagte, die Definition von Irrsinn sei, dasselbe immer und immer wieder zu tun und ein anderes Ergebnis zu erwarten. Bist du verrückt, wenn es um deine Familie geht? Tust du dasselbe immer und immer wieder und erwartest, dass sie dich endlich liebt und Frieden herrscht? Wird dies je geschehen? Wie viele utopische Ideale und Fantasien hast du hierüber abgekauft?

Wie viele Fantasien und utopischen Ideale hast du erschaffen und anderen verkauft, dass deine Familie dich eines schönen Tages lieben und dich so sehen wird, wie du bist, und dass Frieden herrscht?

**Alles, was das ist, zerstörst und
unkreierst du das alles? Danke.**

**Right and wrong, good and bad, pod and
poc, all 9, shorts, boys and beyonds.®**

Zu sehen, was ist, anstatt Fantasien zu projizieren, erfordert Mut. Und du hast diesen Mut.

Wenn du siehst, was ist, wirst du nicht mehr für deine Fantasien kämpfen müssen. Du wirst deine Familie so sehen, wie sie ist und wählt zu sein, keine Ansicht darüber haben, deinen Frieden damit schließen und so viel Energie übrig haben, um dein Leben zu kreieren.

Was es braucht, ist deine Bereitschaft, deine Fantasien loszulassen, und das Bedürfnis, darüber zu streiten, wie es sein sollte, jedoch nicht ist. Es gibt keine perfekte Familie.

**All die Fantasien, die du darüber hast, eines Tages
die perfekte Familie zu haben, und alles, was es
braucht, um das zu erreichen, ist, weiterzukämpfen,
zerstörst und unkreierst du all das?**

**Right and wrong, good and bad, pod and
poc, all 9, shorts, boys and beyonds.®**

Perfektion ist ein Ideal, das von dir erfordert, dich ständig dafür zu bewerten, dass du es nicht erreichst. Lass sie los. Genieße, was ist. Lerne, die Verrücktheit zu genießen, anstatt sie zu bewerten.

MANIPULATION ODER KONTROLLE?

Manipulation ist etwas Schlechtes, richtig? Wirklich? Das Wort *Manipulation* kommt aus dem Lateinischen. *Manus* bedeutet Hand;

Manipulation bedeutet, deine Welt geschickt zu gestalten. Ist das wirklich so böse? Könnte es eine Fähigkeit sein anstatt etwas Falsches?

Die meisten Menschen haben gelernt, dass Manipulation nur als Macht über andere verwendet werden kann. Hast du jemals „Danke" zu jemandem gesagt und etwas Großartigeres damit kreiert? Das ist Manipulation. Du kannst Manipulation verwenden, um Macht über jemanden zu gewinnen, oder du kannst Manipulation einsetzen, um etwas Großartigeres zu kreieren. Was ist deine Wahl? Wie wäre es, das mit deiner Familie zu nutzen?

Deine Familie zu manipulieren, funktioniert nur, wenn du nicht versuchst, ein Ergebnis zu erreichen. Wenn du versuchst, sie dazu zu bringen, etwas zu tun oder zu verändern, funktioniert es nicht. Wende Manipulation spielerisch an. Sei neugierig. Finde heraus, was möglich ist.

Frage: „Was kann ich sagen oder sein oder tun, das diese Situation mit absoluter Leichtigkeit verändern würde?"

Versuche nicht, eine Unterhaltung mit deiner Familie zu führen. Ist sie bereit zu hören, was du zu sagen hast? Wirklich? Hast du beschlossen, dass sie hören sollte, was du zu sagen hast? Ist sie daran interessiert? Warum solltest du eine Unterhaltung mit Menschen erzwingen, die nicht interessiert sind an dem, was du zu sagen hast? Welche Definition hast du über Kommunikation?

Kommunikation erfordert, dass zwei Parteien tatsächlich interessiert sind und empfangen, was der jeweils andere sagt. Wo sieht man das? Das ist sehr selten. Die Leute halten lieber einen Monolog, während sie jemand anderes vor sich haben, mit dem sie sprechen, anstatt dich mit ihm zu unterhalten.

Wahre Kommunikation bedeutet, Information auszutauschen. Dies wird in unserer Welt selten gemacht. Die Menschen hören selten zu. Sie haben bereits ihre Wahrheit und ihre Ansicht, bereit, sie der anderen Person zu erzählen. Wie steht es mit deiner Familie? Ist sie an Kommunikation interessiert oder an einem Monolog, wo sie dir ihre Wahrheit erzählt? Und wie steht es mit dir? Bist du an einer Unterhaltung interessiert oder führst du einen Monolog mit deiner Familie, um ihr deine Wahrheit mitzuteilen? Sei ehrlich zu dir selbst!

Also, was funktioniert? Erzähle den Menschen nur, was sie hören können und sonst nichts.

DRAMATISCH ODER PRAGMATISCH?

Bist du lieber dramatisch oder pragmatisch? Pragmatisch bedeutet zu tun, was funktioniert. Was funktioniert, ist nur das zu sagen, was die Leute hören können und nicht mehr. Nun höre ich einige von euch denken: „Aber was ist mit meiner Wahrheit? Sie müssen in der Lage sein, sie zu hören!" Nein. Sie werden es nicht, sie können es nicht und sie sind nicht daran interessiert. Warum solltest du etwas erzwingen, das einfach nicht sein kann? Es funktioniert.

Sei bereit zu sehen, was ist, anstatt dir deinen Weg wie ein Bulldozer durch dein Leben zu bahnen. Was kann deine Familie hören? Stelle diese Frage und sage nur das und dann mache weiter mit deinem Leben. Kommt da jetzt ein kleiner, winziger Widerstand in dir hoch? Gut. Genieße ihn! Nimm wahr, was das in deinem Leben und deinem Körper bewirkt. Entspannt es deinen Körper oder zieht es ihn zusammen? Etwas zu erzwingen zieht dein Leben zusammen, anstatt es zu entspannen.

Was ist deine Wahl? Deine Wahrheit aufzuzwingen oder zu tun, was funktioniert? Deine Wahrheit ist deine Wahrheit und nicht die von irgendjemand anderen. Es gibt so viele Wahrheiten, wie es Menschen auf der Erde gibt. Die Menschen sind nicht aneinander interessiert; sie möchten ihre Wahrheit aussprechen und möchten, dass sie interessant ist. Was wäre, wenn du dies nutzt, anstatt dich dagegen zu wehren, um mehr Leichtigkeit zu haben?

Du könntest damit beginnen, all die Orte loszulassen, wo du versuchst, *interessant zu sein*, anstatt *interessiert zu sein*. Was bedeutet das? Die Leute möchten interessant sein; was heißt, sie wollen allen zeigen, wie großartig sie sind, was bei ihnen vor sich geht, was sie denken, was ihre Ansicht ist, wie klug sie sind und wie recht sie haben.

Interessiert zu sein, bedeutet an anderen interessiert zu sein. Nicht viele Menschen wählen das. Wenn du Leuten Fragen zu ihrem Leben stellst, bist du an ihnen interessiert. Du lässt dich auf sie ein. Du lässt dich auf ihr Leben ein. Dadurch inspirierst du sie und sie finden dich interessant. Darin gibt es keine Logik, nur reinen Pragmatismus.

Probiere es aus. Das nächste Mal, wenn du deine Familie siehst, stelle ihnen Fragen über sich selbst, anstatt zu versuchen, etwas zu erzwingen, was nicht sein kann: „Wie geht es deiner Katze?" „Was macht der Garten?" „Was denkst du über die politische Situation?" Du weißt, welche Themen sie interessieren. Stelle Fragen dazu. Erzähle ihnen nichts über dich. Wenn sie dir Fragen zu dir stellen, was in den meisten Familien häufig eher ein Vorwurf als eine Frage ist, antworte nicht, sondern sage einfach: „Lasst uns nicht über mich reden. Ich habe in letzter Zeit erkannt, wie dankbar ich für euch bin. Erzählt mir mehr über . . ." Schau, was sich verändert. Lass dich überraschen!

Sieh, wie alles auf das Bedürfnis hinausläuft, recht zu haben. Wenn du nicht mehr recht haben oder derjenige sein müsstest, der alle dazu bringt, sich zu verändern oder besser zu fühlen, wie viel Freiheit hättest du dann?

Wie viel deines Bedürfnisses, recht zu haben oder es richtig hinzubekommen, hat zum Ziel, das perfekte Leben, die perfekte Familie zu erreichen? Was wäre, wenn du das Bedürfnis nach Perfektion jetzt sofort aufgibst? Ab jetzt hast du die Aufgabe, drei Dinge am Tag falsch zu machen. Machst du bei der „Verkehrtsein"-Challenge mit? Gib dir selbst die Erlaubnis, falsch zu liegen! Wie stark würde dich das machen? Wenn du keine Energie darauf verwendest, alles richtig hinzubekommen, befreit das so viel von der Energie, die du bisher zurückgehalten hast.

Wie viel von dem, was du als Wut bezeichnest, ist Wirkkraft? Wirkkraft und Wut fühlen sich beide sehr intensiv an, wie ein Vulkan in uns. Es ist unsere Interpretation dieser vulkanischen Energie, die uns glauben lässt, es müsse Wut sein. Ist es das oder verwechselst du Wut und Wirkkraft?

Eine Freundin von mir sagt, wenn es intensiv wird mit ihrem Mann: „Schatz, ich drücke nur meine Wirkkraft aus." Ich liebe das. Sie weiß, dass Wut nicht real ist und dass es Momente gibt, in denen wir so viel Energie haben, dass wir nicht wissen, was wir damit tun sollen. Wenn du sie nicht als Wut abstempelst, kannst du die Energie zum Verändern und Kreieren nutzen.

All deine Wirkkraft, die du als Wut fehlinterpretiert und zurückgehalten hast, um dein Leben anzuhalten, zerstörst und unkreierst du all das?

Right and wrong, good and bad, pod and poc, all 9, shorts, boys and beyonds.®

Was wäre, wenn du bereit wärst, *zu viel* in den Augen anderer zu sein?

Wie viel von dir hältst du zurück, um nicht zu viel zu sein?

Sei zu viel!

Liege falsch, habe unrecht, sei verkehrt.)!

Fange an zu leben.

ZWÖLF

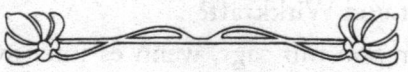

Narzisstische Familien –
Die Welt hineinlassen

$\mathcal{N}$arzissmus ist, wenn Menschen extrem nur an sich selbst interessiert sind.

Wer ist das nicht?

In der griechischen Mythologie liebte Narziss, der Sohn eines Flussgottes, es, sein Bild im Wasser zu betrachten, und verliebte sich in sein eigenes Spiegelbild.

Was ist Narzissmus?

Narzissmus kommt zustande, wenn jemand ein extremes Gewahrsein von dem hat, was um ihn herum vorgeht, und davon überwältigt wird. Derjenige kreiert dann ein eigenes Universum, um mit seiner Fähigkeit klarzukommen, sich so vieler Informationen gewahr zu sein. Um bei all diesen Reizen nicht verrückt zu werden, wird das Ausschließen anderer zu seiner Bewältigungsstrategie. Von außen sieht es so aus, als ob derjenige an sonst niemandem interessiert ist.

Derjenige jedoch hat das Gefühl, sich nicht öffnen zu können, weil er sonst sterben würde. Alle denken, diese Person sei eigennützig, egoistisch und kreise nur um sich selbst. Das trifft nicht immer zu. Häufig ist es so, dass derjenige sich aller anderen so sehr gewahr ist, dass er, um überhaupt irgendwie geistig gesund zu bleiben, andere ausblenden muss.

Diese Wahl wird früh im Leben getroffen, etwa im Alter von eins bis drei. Es wird als psychologische Störung angesehen. Das ist es nicht. Stattdessen ist es eine Fähigkeit, mit der die Person anders nicht umzugehen weiß. Die Bewältigungsstrategie, die sie einsetzt, hat das Erscheinungsbild einer Störung. Die Wahl, auf narzisstische Weise damit umzugehen, kommt von der Überflutung durch die Verrücktheit anderer Menschen in früher Kindheit. Derjenige hat sein eigenes Universum erschaffen, um zu überleben. In seiner Welt fühlt er sich sicher. Niemand kann auf ihn einwirken.

Wo hast du dein eigenes kleines Universum erschaffen, indem du andere ausschließt, wo du denkst, es gibt keine andere Möglichkeit, geistig gesund zu bleiben?

Alles, was das ist, zerstörst und unkreierst du das alles? Danke.

Right and wrong, good and bad, pod and poc, all 9, shorts, boys and beyonds.®

Um sich selbst zu finden, erschaffen die Leute häufig ihr eigenes Universum, um herauszubekommen, wer sie sind. Dadurch trennen sie sich von anderen ab. Hast du jemals versucht, dich selbst zu finden und zu bekommen und zu verstehen, wer du bist, indem du deine eigene Welt kreiert hast? Hat das funktioniert?

Vielleicht funktioniert das für die Zeit, wo du alleine bist, aber sobald andere Menschen in deiner Nähe sind, wird es unangenehm. Du hast dich gerade noch gehabt, aber jetzt drängt die Welt der anderen sich dir auf und du und das Schneckenhaus, das du als dein

Leben bezeichnet hast, kriegt Risse. Irgendjemand muss falsch liegen. Du fragst dich: „Liege ich falsch oder die anderen?"

Was wäre, wenn niemand falsch liegt? Dein Leben zu kreieren ist eine schwierige Aufgabe, wenn du dies ausgehend vom Ausschluss anderer und der Abtrennung von ihnen tust. Teenager lieben es, im Widerstand zu sein und zu kämpfen, weil sie meinen, das wird ihnen Freiheit geben. Alles, was das kreiert, ist mehr Kampf. Was wäre, wenn du die Welt einlassen und die Kontrolle aufgeben würdest?

Was wäre, wenn es jenseits von all dem eine großartigere Möglichkeit gibt?

**Was hast du so lebensnotwendig daran gemacht,
ein eigenes Universum vollkommen zu besitzen,
das dich davon abhält, alles zu sein, zu wissen,
wahrzunehmen und zu empfangen, was möglich ist?**

**Alles, was das ist, zerstörst und
unkreierst du das alles? Danke.**

**Right and wrong, good and bad, pod and
poc, all 9, shorts, boys and beyonds.®**

Narzissmus ist weit verbreitet in Familien. Niemand ist wirklich an den Menschen um sich herum interessiert. In den meisten Familien ist es häufig wichtiger, die Strukturen und Rollen aufrechtzuerhalten, anstatt sich für andere zu interessieren.

Jeder hat seine Rolle in der Familie. Und doch ist all das eine Kreation.

Welche Rolle hast du in deiner Familie übernommen? Bist du der Arme, Jämmerliche, Egoistische, Seltsame oder noch etwas anderes? Du bist derjenige, der diese Rolle übernommen hat, indem du den Ansichten anderer Leute zugestimmt und dich danach ausgerichtet hast und in Widerstand und Reaktion darauf gegangen bist. Was wäre, wenn all das nur eine interessante Ansicht wäre und nicht real? Du bist so viel mehr als die Gesamtsumme der Ansichten deiner Familie über dich. *So viel mehr.*

Die meisten Menschen sind in einer Familie aufgewachsen, die sie nicht sehen konnte, noch war sie je daran interessiert, es herauszufinden. Das ist normal in dieser Welt. Wenn dies auf dich zutrifft, bist du in guter Gesellschaft. Die Eltern der meisten Leute können oder wollen nicht sehen, was ihre Kinder brauchen, weil es nicht zu ihren Ansichten eines guten Lebens passt. Sie können einfach die Realität ihrer Kinder nicht sehen.

Bist du von deiner Familie dafür anerkannt worden, wer du bist? Hoffst du immer noch, dass sie dich eines schönen Tages sehen und mit dem versorgen wird, was du brauchst? Lass mich dich Folgendes fragen: Kannst du dich anerkennen? Jeder, der sich nicht selbst anerkennt, wird es schwer haben, andere anzuerkennen.

Was wäre, wenn du anfängst, ehrlich zu sein? Was weißt du? Was ist die Welt deiner Familie und was deine? Wie unterschiedlich sind diese Welten? Wie extrem unterschiedlich sind diese Welten? Wenn du anerkennst, was du weißt und Klarheit wählst, wird alles einfacher. Sehr viel einfacher.

Fantasien verursachen Stress. Gewahrsein bringt Entspannung.

Die Leute werfen dir nur vor, was sie selbst sind. Wenn man dir vorwirft, du seist egoistisch und denkst nur an dich selbst, schau, wer das sagt. Ist diese Person diejenige, die egoistisch ist? Menschen, die anderen etwas vorwerfen, sind diejenigen, die genau das tun und sind. Das nennt sich projizieren.

FANGE AN, PRAGMATISCH ZU SEIN

Wenn du pragmatisch bist, verschwendest du deine Zeit und Energie nicht auf Dinge, die nicht funktionieren. Du machst das Licht an, schaust, was ist und wirst dir darüber klar, wie andere funktionieren – was mit ihnen möglich ist und was mit ihnen nicht möglich ist.

Wenn du weißt, dass deine Familie nicht an dir interessiert ist, kümmert dich das nicht. Du musst sie nicht dafür bewerten oder traurig darüber sein. Du gehst einfach weiter und kreierst dein Leben.

**Wie viel Energie verwendest du auf Menschen,
die nicht an dir interessiert sind?**

**Alles, was das ist, zerstörst und
unkreierst du das alles? Danke.**

**Right and wrong, good and bad, pod and
poc, all 9, shorts, boys and beyonds.®**

Wenn du von anderen nicht mehr erwartest, dass sie dich sehen und lieben und für dich sorgen, kannst du dein Leben wirklich kreieren.

**Welche Erwartungen hast du an deine Familie,
die dich von dir selbst abtrennen?**

**Alles, was das ist, zerstörst und
unkreierst du das alles? Danke.**

**Right and wrong, good and bad, pod and
poc, all 9, shorts, boys and beyonds.®**

Deine Familie hat nicht recht. Sie hat auch nicht unrecht. Sie tut, was sie für richtig hält. Du musst sie nicht verändern oder in Ordnung bringen. Beginne damit, dein Leben zu leben, und lass sie sein, wer sie sind. Lass die Dinge, wie sie sind, ohne das Bedürfnis, dass sie anders sein sollten. Erlaubnis ist eine Herausforderung, wenn es um Familie geht, aber es ist eine Schatztruhe, die dich immer weiter beschenken wird. Alles wird nur noch zu einer interessanten Ansicht.

Erlaubnis bedeutet nicht, dass du zu einem Fußabtreter wirst.

Erlaubnis geht in alle Richtungen – auch in deine. Wenn jemand versucht, dir zu schaden, gibst du ihm nicht die Erlaubnis dazu. Erlaubnis heißt zu sagen: „Das funktioniert nicht für mich!" Und du sagst es ohne eine Ansicht.

Wenn du anfängst, dein Leben zu leben, machst du dir keine Sorgen mehr darüber, was andere über dich denken. Wenn deiner Familie das, was du tust, nicht gefällt oder dem nicht zustimmt, ist das nicht mehr wichtig.

Was machst du wichtig, das es nicht ist?

**Alles, was das ist, zerstörst und
unkreierst du das alles? Danke.**

**Right and wrong, good and bad, pod and
poc, all 9, shorts, boys and beyonds.®**

**Welche Energie, welcher Raum und welches Bewusstsein
können du und dein Körper sein, um vollkommen außer
Kontrolle, außer Definition, außer Form, Struktur,
Bedeutsamkeit, Linearitäten und Konzentrizitäten
. . . zu sein, die du und dein Körper wirklich sind?**

**Alles, was das nicht erlaubt, zerstörst und
unkreierst du das alles? Danke.**

**Right and wrong, good and bad, pod and
poc, all 9, shorts, boys and beyonds.®**

Wenn du die Welt einlässt, erweitert das deine Welt. Du denkst, du wirst dich verlieren. Das ist falsch. Viele Menschen haben diese Ansicht in Beziehungen: „Wenn ich meinen Partner einlasse, werde ich mich selbst verlieren." Das ist eine der größten Lügen, die wir je abgekauft und real gemacht haben. Kannst du dich wirklich verlieren? Ehrlich? Wie kannst du dich verlieren? Hast du dich je verloren?

Die Momente, in denen du etwas wählst, was nicht in deinem besten Interesse ist, wenn du die Bedürfnisse anderer wertvoller machst als dich, merkst du immer nach einiger Zeit, was du dir selbst antust. In diesem Moment wachst du auf und sagst: „Das ändert sich jetzt!" Das ist alles, was man braucht.

Wenn du erkennst, was vor sich geht, wenn du siehst, was ist, kannst du es genau in diesem Moment ändern. Du musst nicht lange nachdenken und du musst die Situation nicht analysieren. Alles, was es braucht, ist, dass du siehst, was du wählst, und etwas anderes wählst.

Kannst du sehen, dass die Angst, sich selbst zu verlieren, eine Erfindung ist und nicht real? Du weißt, was nährend für dich ist und was dein Leben erweitert. Manchmal wählst du das und manchmal lässt du dich auf die Begrenzungen ein. Es spielt keine Rolle. Wenn du dich auf die Begrenzungen einlässt, wählst du im nächsten Moment einfach etwas anderes. Du kannst niemals etwas Falsches wählen. Du hast den Luxus, durch die Wahlen, die du triffst, alles zu verändern.

Herausfinden, *wer man ist,* ist eine sehr lustige Sache, die wir alle unternehmen. Kannst du dich je selbst finden? Hast du schon mal jemanden getroffen, der sich selbst gefunden hat? Ich nicht. Du bist kein Osterei, das gefunden werden muss. Du bist bereits. Es geht nicht darum, dich zu finden; es geht darum, dich selbst jeden Tag zu fragen: „Wie würde ich mich gerne kreieren? Wie wäre ich heute gerne?" Du bist ein unendliches Wesen, kein endliches Wesen, das eine Rolle in dieser Welt übernehmen und sich dann ein ganzes Leben daran halten muss. Du kannst die Rolle, die du spielen möchtest, jeden Tag ändern. *Du hast die Wahl.*

**Überall, wo du die Vorstellung abgekauft hast,
dass du dich selbst definieren musst und dich an
diese Definition von dir halten musst, was dich
davon abhält, dich und dein Leben zu kreieren,
zerstörst und unkreierst du all das bitte? Danke.**

**Right and wrong, good and bad, pod and
poc, all 9, shorts, boys and beyonds.®**

Du bringst etwas in die Welt, das sonst niemand mitbringt. Du siehst Dinge, die andere nicht sehen. Das ist ein Geschenk. Es ist an der Zeit, dass du es bist.

Es ist an der Zeit, die Welt einzulassen. Zeit, dich Teil der Welt sein zu lassen.

DREIZEHN

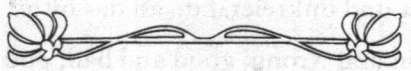

Märchen, oder wählen, was funktioniert

*H*ast du versucht, deine Familie zu einem Märchen zu machen? Wenn du vermeidest, was ist und versuchst, das, was ist, in eine Fantasie zu verwandeln, funktioniert das nicht. Außerdem erfordert es viel Energie, Fantasien aufrechtzuerhalten. Wie du es gerne hättest, ist eine Sache. Was es wirklich sein kann, ist oft eine andere Sache. Sobald du wählst zu sehen, was ist, kannst du frei sein.

Was wäre, wenn du wüsstest, dass du mit allem klarkommen *kannst*? Müsstest du deine Vergangenheit zu einem Märchen machen, was dich davon abhält, dein Leben jetzt zu kreieren?

Du hast es schon bis hierher geschafft. Glaubst du wirklich, du kannst nicht damit umgehen zu sehen, was ist? Musst du dich wirklich hinter Fantasien verstecken? Fantasien halten dich davon ab, dein Leben zu kreieren. Sie halten dich davon ab, zu kreieren, was wirklich für dich funktioniert.

All die Lügen, die du darüber real gemacht hast,
dass du nicht mit dem klarkommen kannst, was ist,
zerstörst und unkreierst du das bitte alles? Danke.

Right and wrong, good and bad, pod and
poc, all 9, shorts, boys and beyonds.®

Wie viele Fantasien hast du darüber, wie etwas sein sollte, was es nie sein kann? „Eines Tages wird mein Traumprinz kommen." „Irgendwann werde ich der perfekte Vater/die perfekte Mutter sein." Eben das Bedürfnis, alles perfekt haben zu wollen, tötet dein Leben und deine Zukunft. Was wäre, wenn du anfangen würdest zu genießen, was ist? *Jetzt.*

Märchen scheinen uns die Freiheit zu geben, zu fantasieren. Aber die Dinge können sich nie großartiger zeigen, als unser Verstand in der Lage ist, sie sich vorzustellen und zu visualisieren. Das hält dich davon ab, alles zu empfangen, was über die Fantasien hinaus möglich ist.

Lebst du, was deine Familie angeht, in einer Fantasie? Und hoffst darauf, dass sie eines Tages anders werden wird? Wird sie das je? Was weißt *du*?

So viele von uns weigern sich, unsere Familienmitglieder so zu sehen, wie sie wirklich sind. Ich habe zum Beispiel mit einer Klientin gearbeitet, deren Mutter gerade gestorben war. Sie erzählte mir, sie sei schockiert gewesen über das, was sie nach dem Tod ihrer Mutter über ihren Bruder entdeckt hatte: Ihr Bruder hatte das gesamte Erbe nach dem Tag, an dem ihre Mutter gestorben war, beansprucht. Er behauptete, die Mutter habe ihm alles gegeben und ihr nichts.

Meine Klientin hatte diese Seite ihres Bruders nie gesehen oder sehen wollen. Bis zu diesem Tag hatte sie eine rosarote Brille getragen und nur gesehen, was sie sehen wollte, nämlich einen süßen Bruder, der ab und zu ein wenig schwierig war, aber alles in allem ein netter Mann. Nun war sie schockiert, als sie erkannte, dass sie

Fantasien darüber gehabt hatte, wie die Dinge standen, aber nie gewesen waren. Es war, als hätte man sie mit einem Kübel Eiswasser übergossen. Es tat weh.

Sie musste ihre gesamte Sichtweise über ihn, ihre Familie und ihr Leben ändern. Die Situation verlangte von ihr, einen Zahn zuzulegen und mehr von sich selbst zu sein, als sie je bereit gewesen war. Zu sehen, was war, eröffnete ihr ein ganz neues Universum an Wahlen. Zu erkennen, wer ihr Bruder wirklich war, ermöglichte ihr zu wählen, was wirklich für sie funktionierte. Sie hatte nicht mehr das Bedürfnis, die Familie zusammenhalten, sondern erlaubte sich, stark und nicht länger ein Fußabtreter zu sein.

GASLIGHTING

Was sie herausfand, war, dass ihr Bruder ein sog. „Gaslighter" war. Das ist jemand, der anstrebt, Zweifel bei der Zielperson zu säen. Dieses psychologische Konzept kommt häufig in Familien vor. Der Gaslighter sät subtil Zweifel bei der Zielperson, sodass sie es nicht merkt, oft über einen langen Zeitraum. Das Ziel des Gaslighters besteht darin, sie dazu zu bringen, sich selbst zu hinterfragen und ihre eigene Wahrnehmung, Erinnerungsvermögen und Wissen anzuzweifeln. Sie hört dann auf, sich selbst zu vertrauen und denkt, der Gaslighter wisse es besser als sie. Das Opfer, das ursprünglich voll zurechnungsfähig war, wird labiler und labiler und kann das Gefühl bekommen, dass es verrückt wird.

Gaslighting ist eine Form von Missbrauch. Die Strategien, die ein Gaslighter anwendet, ist das Zurückhalten von Informationen dem Opfer gegenüber und verbaler Missbrauch, oft in der Form herablassender Bemerkungen, die scheinbar fürsorglich sind, jedoch darauf abzielen, das Opfer dazu zu bringen, sich infrage zu stellen. Der Misshandelnde gibt der Zielperson widersprüchliche Informationen und stellt sicher, dass das Opfer immer weniger Kontakt mit der Außenwelt hat. Er erscheint oft sehr charmant gegenüber anderen Menschen und zieht diese so auf seine Seite, sodass sie auch anfangen, das Opfer infrage zu stellen. All dies geschieht langsam, sodass das Opfer nicht merkt, was vor sich geht, bis es denkt, es verliert den Verstand. Traurigerweise ist dieses Szenario weitverbreitet; fast jeder kennt eine solche Person in der einen oder anderen Form. (Wenn du alte Filme magst, ist dieses Phänomen sehr gut dargestellt im Film „Gaslighting" aus dem Jahr 1944 mit Charles Boyer und Ingrid Bergman.)

Wie kommt man da raus? Indem man sein Wissen nie an jemand anderen abgibt. Wenn du anfängst, in einer Beziehung an dir zu zweifeln, öffne die Augen, sieh, mit wem du es zu tun hast und sprich mit jemandem, der dich ermächtigt zu wissen, was du weißt. Da dein Vertrauen gebrochen wurde, kann es verwirrend erscheinen zu erkennen, mit wem du sprechen und wem du vertrauen kannst. Wenn du dich mit jemandem wie du selbst fühlst, steht diese Person hinter dir. Sprich mit ihr und lass sie dich ermächtigen zu wissen, was du weißt, damit du wieder das Vertrauen in dich aufbauen kannst.

Das Opfer eines Gaslighters zu sein, ist ein Beispiel dafür, wie unsere Fantasien unser Gewahrsein vernebeln und uns in den Wahnsinn treiben können. Du denkst, du seist das Problem. Du denkst, du liegst falsch, anstatt zu sehen, mit wem du es zu tun hast – einer verrückten Person, deren Mission es ist, dich zu erledigen. Sobald du die Fantasien loslässt und siehst, was ist, kannst du dich befreien. Zu sehen was ist, ermächtigt dich zu wissen, was du weißt: Was wahr ist, ist leicht, was schwer ist, ist eine Lüge. Du weißt, was vor sich geht.

Dein Leben wird einfacher, wenn du dir selbst zugestehst zu sehen, was ist. Es ist nicht immer angenehm, dir bewusst zu werden, mit wem du es zu tun hast, aber du hörst auf damit, die Lügen aufrechtzuerhalten, anstatt dein Leben zu kreieren.

Was wäre, wenn das Erschaffen deines Lebens zu einem Märchen werden könnte, das funktioniert? Einem pragmatischen Märchen. Wie?

INDEM DU KEINE ANSICHT HAST

Wenn du keine Ansicht hast, bewertest du nicht. Keine Bewertung bedeutet, dass du alles empfangen kannst; alles wird zu einem Geschenk und zu einem Beitrag, der deine Welt erweitert. Sogar Menschen, die gemein sind oder Gaslighter, können dir zum Geschenk werden. Wenn du erkennst, mit wem du es zu tun hast, und denjenigen nicht für das bewertest, was er wählt, kannst du diese Person als Sprungbrett dazu nutzen, um mehr von dir zu werden. Gemeine Menschen können ein Trigger für dich sein, um deine Wirkkraft aufzudrehen und zu sagen: „Ich werde nie wieder irgendjemandem erlauben, mich zu stoppen!"

KEINE FORM, KEINE STRUKTUR, KEINE BEDEUTSAMKEIT

Wenn es um die Familie geht, herrscht die allgemeine Ansicht, dass es eine Form und eine Struktur gibt, die richtig ist, und eine, die falsch ist. Wie viele Definitionen hast du darüber, wie eine Familie aussehen sollte? Wenn du definierst, schränkst du ein. Du hast beschlossen, was richtig ist und was falsch. Du weißt, wie eine Märchenfamilie aussehen sollte. Aber diese Art von Märchen ist die Fantasie einer richtigen Form und Struktur. Die Familie, die für dich funktioniert und dich wirklich glücklich macht, passt vielleicht zu keiner deiner Definitionen darüber, was richtig ist. Oder vielleicht passt sie nicht zu den Definitionen anderer darüber, was richtig ist. Bist du bereit, falsch zu liegen und das zu tun, was funktioniert? Was dich glücklich macht? Was bedeutet Familie für dich? Was bringt dein Leben wirklich zum Funktionieren?

FRAGEN STELLEN

Antworten verschließen Türen. Fragen öffnen sie. Fange an, Fragen zu stellen, anstatt zu definieren. Wenn du merkst, dass du schlussfolgerst, was es ist, das du haben solltest und wenn du merkst, wie du versuchst, etwas zu erreichen, das deinen Standards entspricht, höre auf. Du gehst dir selbst in die Falle. Entspanne dich. Frage: „Wenn ich keine Definition darüber hätte, was richtig oder falsch ist, was funktioniert hier wirklich für mich und was erweitert tatsächlich meine Zukunft?"

Fragen stellen erfordert Übung. Wir sind so sehr daran gewöhnt, zu Schlussfolgerungen zu gelangen und herauszubekommen, was richtig ist, dass wir uns selbst beibringen müssen, Fragen zu stellen. Wenn wir Schlussfolgerungen ziehen, fühlen wir uns schwer und zusammengezogen. Wenn wir Fragen stellen, fühlen wir uns leicht und weit.

WÄHLEN

Wählen ist etwas anderes, das Übung erfordert. Wir sind daran gewöhnt zu tun, was immer es braucht, um alles richtig hinzubekommen, anstatt einfach zu wählen. Du musst nicht hart arbeiten oder dich zusammenziehen oder schreien, um zu wählen. Du kannst einfach *wählen* – einfach und mit absoluter Leichtigkeit. Wenn du von einem Stuhl aufstehst, musst du nicht ausrufen: „Ich wähle aufzustehen! Schaut her. Ich werde mich nicht mehr von diesem Stuhl unten halten lassen." Du machst kein Aufhebens. Du wählst einfach. Dies gilt für jede Wahl in deinem Leben. Wenn du eine Wahl triffst, verändert sich dein Leben. Wenn die Dinge sich nicht so entwickeln, wie du dir das wünschst, wähle einfach wieder, damit alles eine andere Richtung nimmt.

STÄNDIGE KREATION

Höre nie auf zu kreieren. Höre nie auf, dich weiterzubewegen. Komme nicht zum Schluss, dass du hast, was du möchtest. Ich habe eine Dame im Café zu ihrer Freundin sagen hören: „Stell mir

diese Frage nicht. Ich bin glücklich, so wie es ist und ich will nichts
ändern." Viel Glück damit! Alles verändert sich ständig. Wenn du
dich dagegen wehrst, wirst du nicht weiterkommen. Wehre dich
nicht dagegen, dass Dinge sich ändern – genieße es und fange an,
auf den Wellen zu reiten.

VIERZEHN

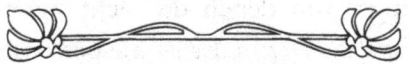

Glück: Die ultimative Superkraft

In jeder Superheldengeschichte hat jede Figur ihre ganz eigene einzigartige Superkraft. Wenn etwas Schreckliches geschieht, kommen sie alle zusammen und verändern es. Wie? Indem sie das nutzen, was jeder von ihnen einzigartig einzubringen weiß, und gemeinsam werden sie unbesiegbar.

Was wäre, wenn Familie so sein könnte? Wie fängst du damit an? Indem du nichts von deinen Familienmitgliedern erwartest und alles bist, was du sein kannst – die Gesamtheit der Großartigkeit, die du bist. Du kannst nie andere Menschen dazu bringen, die Großartigkeit zu sein, die sie sind; du kannst es nur selbst sein und dadurch andere dazu inspirieren, entweder zu wählen oder nicht. Es spielt keine Rolle, ob sie das tun oder nicht.

Deine Beziehungen sind keine Sanierungsprojekte. Die meisten Menschen halten ihre Partner und Freunde und Familienmitglieder für Sanierungsprojekte. Bist du schon mal jemand anderes Projekt gewesen? Hat das Spaß gemacht? Warst du inspiriert? Hast du dich gemäß seinen Anweisungen und Wünschen geändert oder hast du ihn bekämpft und warst im Widerstand? Erlaubnis und Wahl sind der direkte Weg dahin, das zu kreieren, was für dich funktioniert. Du wählst, einen Zahn zuzulegen, und gestehst anderen zu, dass sie wählen, was sie wählen.

Was die Menschen in deinem Leben wählen, egal, was das ist, besonders die Dinge, von denen du nicht möchtest, dass sie sie wählen, *hat nichts mit dir zu tun*. Es ist nie persönlich oder hat etwas mit dir zu tun, noch hat es eine Auswirkung auf dich, es sei denn, du bist dieser Meinung – es sei denn, du hast geschlussfolgert und erfunden, dass dies so ist. Deine Ansicht kreiert deine Realität. Was wäre, wenn du wüsstest, dass nichts, was irgendjemand wählt, irgendetwas mit dir zu tun hat? Es ist eine der größten Lügen, die wir abgekauft haben, und wir verwenden sie, um uns selbst zu quälen.

**Was nimmst du persönlich, dass es
nicht ist und nie gewesen ist?
Alles, was das ist, zerstörst und
unkreierst du das alles? Danke.
Right and wrong, good and bad, pod and
poc, all 9, shorts, boys and beyonds.®**

Vielleicht solltest du dieses Clearing Statement einige Male laufen lassen. Genieße den Raum, den es eröffnet. Dein Verstand wird möglicherweise protestieren und sagen, dass dies nicht wahr sein kann; er wird wahrscheinlich alle möglichen Gründe finden, warum das, was andere wählen, etwas mit dir zu tun haben *muss*. Das ist in Ordnung. Der Kopf liebt es zu protestieren. Was soll er auch sonst tun? Mein Freund sagt: „Wenn du denkst, stinkst du, dein Verstand ist ein gefährliches Ding, schmeiß ihn weg!" Ein weiser Mann!

Alles, was es braucht, ist die Bereitschaft, niemals aufzugeben und immer weiterzumachen. Die Dinge geschehen selten so, wie wir es gerne hätten. Das ist in Ordnung. Wehre dich nicht dagegen.

Frage: „Was ist richtig hieran, das ich nicht mitbekomme? Was ist jetzt möglich? Wie kann ich diese Veränderung zu meinem Vorteil nutzen?" Wenn du nicht aufgibst, machst du weiter, egal, wie die Dinge sich zeigen.

DAS FAMILIEN-BUSINESS – DIE TAKTIK DES SUPERHELDEN

Das ist ein toller Ansatz fürs Business und auch für das Business einer Familie. Lasst uns realistisch sein: Eine Familie ist ein Business. Sie muss funktionieren und wenn sie es nicht tut, schaut man nach Wegen, um sie zum Funktionieren zu bringen. Du findest immer einen Weg. In jedem Business siehst du, wer für welche Position geeignet ist, um es voranzubringen. Mit Familie ist es genauso. Wer sind deine Familienmitglieder? Wie ist ihre Welt? Was ist ihnen wichtig?

Wenn du jemanden in deiner Familie hast, der hören muss, dass er geliebt wird, bevor irgendetwas geschieht, sage ihm mindestens einmal am Tag, wie sehr du ihn liebst. Sag ihm, wie sehr du ihn schätzt. Es ist nicht wichtig, ob du das nicht tun möchtest. Das ist nicht relevant. Komme über deine Ansicht hinweg und tu es. Willst du recht haben oder möchtest du, dass alles leicht läuft?

Wenn du jemanden in deiner Familie hast, der gerne gemein ist, sag ihm, wie dankbar du für ihn bist und wie freundlich er zu dir ist. Wenn du einer gemeinen Person sagst, sie sei freundlich, verwirrt sie das, weil sie weiß, dass sie nicht freundlich ist. Sie wird dann versuchen, deinen Standard und die Rolle, die du ihr gerade übertragen hast, gerecht zu werden. Sei pragmatisch anstatt dramatisch. Tu, was funktioniert, anstatt dich dagegen zu wehren, was ist.

Wenn du jemanden in deiner Familie hast, der Angst hat, Wahlen zu treffen oder etwas falsch zu machen, lass ihn wissen, dass du hinter ihm stehst, egal, was geschieht. Behandle andere nicht so, wie *du* sie behandeln möchtest; behandle sie, wie *sie* gerne behandelt werden möchten, und dein Leben wird glattlaufen. Die Menschen wählen, was sie wählen, und es hat nichts mit dir zu tun.

ÜBER DEINE FAMILIE HINAUS KREIEREN

Bist du bereit, besser zu sein als deine Eltern, indem du ihre finanzielle Realität und ihren Erfolg übertriffst?

Ich gab einen Kurs, in dem einer der Teilnehmer erkannte, dass sein Mangel an Geld viel damit zu tun hatte, dass er die Ansichten seiner Eltern über Finanzen abgekauft hatte. In seiner Realität drehte sich alles um harte Arbeit für wenig Geld. Im Kurs äußerte er seine Besorgnis, seinen Eltern gegenüber missachtend zu sein, wenn er leicht Geld verdienen würde. (Dies ist diese Einstellung von „Don't go above you raisin', also nicht über seine Herkunft hinauszugehen, die wir in Kapitel 2 erörtert haben.) Er sagte: „Ich hatte das Gefühl, ich würde mich über sie lustig machen, wenn ich es auf meine Weise mache."

Wie sehr würdigst du den Mangel deiner Eltern, indem du nicht die finanzielle Realität hast, die du haben könntest, wenn du es wählen würdest? Hast du beschlossen, dass dies Freundlichkeit und Fürsorge ist? Ist es das wirklich? Wenn du dein Leben kleiner machst und nicht so viel Geld hast, wie du haben könntest, ist das *freundlich*? Was wäre, wenn du dir selbst die Erlaubnis geben würdest, über deine Eltern hinauszukreieren und mit mehr Leichtigkeit mehr Geld zu verdienen als sie? Würde dich das zu einem schlechten Menschen machen?

WISSEN, WAS DU DIR WÜNSCHST

Viele Menschen, die Eltern werden, halten ihr eigenes Leben an. Sie werden davon vereinnahmt, sich um ihr Baby zu kümmern. Der süße Wonneproppen wird zum Zentrum ihrer Aufmerksamkeit und von allen um sie herum. Mit der Zeit vergessen sie sich selbst.

Eine junge Mutter erzählte mir von einer Erkenntnis, die sie gehabt hatte: Sie hatte ihre Kinder als Ausrede benutzt, um damit aufzuhören, ihr eigenes Leben zu gestalten, weil sie dachte, dies sei, was eine gute Mutter tut. Sie war mit der Zeit so beschäftigt mit ihren drei Kindern und ihrem Mann, dass sie eines Tages aufwachte und sich fragte, wo ihr Leben geblieben war.

Wir sprachen darüber, dass das nichts Schlechtes ist. Es ist nie zu spät. Ändere einfach jetzt die Richtung. Du merkst, was du bisher gewählt hast, und nun wähle etwas anderes, das besser funktioniert. Das tat sie. Sie begann, sich selbst zu fragen, was sie glücklich macht (außer ihren Kindern und ihrem Mann) und begann wieder ihr Leben zu kreieren.

Dies veränderte ihre Herangehensweise an ihre Rolle als Mutter. Ihre beiden Jungs liebten es sich zu streiten und es ging nie glimpflich ab. Sie steigerten sich richtig hinein – mit Schreien, Treten und Schlagen. Ihr ganzer Tag verging damit, sie am Leben zu halten. Dann sagte sie sich eines Tages: „Es reicht! Nach der Unterhaltung mit Susanna wurde mir klar, dass es Zeit für mein Leben ist. Ich wähle von jetzt an eine andere Richtung."

Sie ging zu ihren Söhnen und sagte ihnen, dass sie sich umbringen können, wenn sie das möchten, und dass ihre Aufgabe, sie am Leben zu erhalten, hiermit vorbei sei. Sie ging nach unten und begann, ein Buch zu lesen. Sie konnte nicht glauben, was geschah: Von diesem Tag an hatten ihre Jungs nie wieder einen großen Streit. Sie stritten, waren aber nicht mehr brutal.

Es ist wirklich erstaunlich, was sich verändern kann, wenn du wählst, was für dich funktioniert. Diese Mutter merkte, dass sie das Drama ihrer Jungs benutzt hatte, um sich von ihrem eigenen Leben abzulenken.

Welches und wessen Drama benutzt du, um dich von dem abzulenken, was du wählen könntest?

Alles, was das ist, zerstörst und unkreierst du das alles? Danke.

Right and wrong, good and bad, pod and
poc, all 9, shorts, boys and beyonds.®

GLÜCKLICH SEIN: DIE ULTIMATIVE SUPERKRAFT

Diese Welt ist ein verrückter Ort. Das ist dir womöglich schon
aufgefallen. Wie oft lässt du dich durch andere stoppen? Hast du
jemals großartigen Sex gehabt? Wie war deine Welt danach? Hat es
dich gekümmert, wenn dich jemand nicht mochte oder warst du zu
glücklich, um dich darum zu scheren? Das kann immer dein Raum
sein, wenn du das wählst. Nicht nur nach Sex, sondern auch nach
einem herrlichen Spaziergang oder Tanzen oder Reiten. Du brauchst
nicht eine bestimmte Person oder Situation, um glücklich zu sein.

Glücklichsein ist eine Wahl, die wir haben – immer. Wenn du
glücklich bist, kann dich nichts aufhalten. Das ist deine größte Superkraft. Für wen oder was hast du dein Glücklichsein aufgegeben?
Ja, du wirkst einschüchternd auf andere, wenn du glücklich bist. Die
Leute wissen nicht, was sie mit dir machen sollen. Seit wann ist das
ein Problem?

Versuchst du unglücklich zu sein, um zu beweisen, dass deine
Eltern falsch liegen? Wen strafst du mit deinem Unglücklichsein
Lügen und wie funktioniert das für dich? „Schau, du hast mir unrecht angetan. Nun bin ich unglücklich wegen dir." Wie alt verhältst du dich, wenn du diese Perspektive einnimmst? Wie vier, fünf
oder sechs Jahre? Wenn du dies liest, bist du wahrscheinlich aus
diesem Alter heraus, warum gehst du damit also nicht so um, wie du
wirklich kannst, und hörst auf, gegen dich selbst zu arbeiten? Es ist
nicht freundlich dir gegenüber, an Begrenzungen festzuhalten. Was
wäre, wenn du glücklich wärst? Glücklichsein ist die beste Rache.

Eines der lustigsten Dinge in unserer Welt ist zu beobachten, wie
Menschen sich nach Kräften dagegen wehren, glücklich zu sein. Sie
sagen, sie wollen glücklich sein, aber nicht viele wählen das. Schau

dir Beziehungen an. Wie viele Menschen wehren sich dagegen, in einer Beziehung glücklich zu sein, weil sie meinen, wenn sie glücklich sind, werden sie von ihrem Partner kontrolliert? Empfängst du wirklich den Beitrag, der die Leute für dich sind? Oder wehrst du dich dagegen, um sicherzustellen, dass man keine Kontrolle über dich hat?

Lass mich dich fragen . . . Wahrheit! Kann man dich je kontrollieren? Wie viele Lügen hast du abgekauft, dass du jemals kontrolliert werden kannst?

Wie viele Menschen hast du versucht, glücklich zu machen, die nicht empfangen haben, was du anzubieten hattest, weil sie dachten, sie würden dann von dir kontrolliert? Das geht in beide Richtungen.

Jeder sagt, er möchte glücklich sein. Die meisten lügen. Sie möchten lieber ihr Leben kontrollieren und recht haben, als glücklich zu sein.

Glücklichsein ist ein Maß an Sein und Empfangen, wo du die Welt einlässt, um dir beizutragen, und dir selbst vertraust, dass du nicht zerstört werden kannst.

**Wie viele Lügen hast du darüber abgekauft,
dass du zerstört werden kannst?**

**Alles, was das ist, zerstörst und
unkreierst du das alles? Danke.**

**Right and wrong, good and bad, pod and
poc, all 9, shorts, boys and beyonds.®**

Es ist an der Zeit, so glücklich zu sein, dass man dich nicht kontrollieren kann. Fange an zu üben! Nimm deine Kinder oder die Kinder deiner Freunde mit auf ein Abenteuer und lerne von ihnen.

Du bist dein eigener Superheld, der nicht bei anderen nach Zustimmung suchen muss. Begreife die Großartigkeit, die du bist. Frage andere, die dich nicht bewerten und dankbar für dich sind, was sie in dir sehen. Betrachte dich durch ihre Augen. Wenn du niemanden in deinem Leben hast, der dich nicht bewertet, mach dir keine Sorgen. Das geht den meisten Menschen so. Gehe stattdessen hinaus in die Natur und bitte die Erde, dir zu zeigen, wer du bist. Betrachte dich selbst durch die Augen der Natur.

Nun, wen hättest du wirklich gerne in deinem Leben? Wer nährt dich und deinen Körper? Mit wem kannst du etwas Großartigeres kreieren?

Suche nach Fürsorge und Dankbarkeit, nicht nach Liebe. Bei Liebe geht es um Bedingungen. Das muss so nicht sein, doch ist es für die meisten Menschen so. Wenn sie sagen, dass sie dich lieben, sind Bedingungen und Definitionen daran gebunden. Dankbarkeit hat dies nicht. Bei Dankbarkeit geht es darum, dir zu erlauben zu sein, wer du bist, ohne das Bedürfnis, anders sein zu müssen.

Schaue nach Menschen, die präsent mit dir sein können und dankbar und dich nicht bewerten. Wen kannst du einladen, deine Familie zu sein, jenseits von Form, Struktur und Bedeutsamkeit der biologischen Familie? Lass hinter dir, wie es aussehen sollte. Finde heraus, wer dein Leben wirklich erweitert und wessen Leben du erweiterst.

Wer wärst du nun gerne mit deiner Familie? Familie ist nicht nur deine biologische Familie. Dies sind die Menschen, die deinen Körper kreiert haben. Wen du als deine Familie bezeichnest, ist nun deine Wahl.

Wenn du weiterhin die Ansicht beibehältst, dass die einzigen Menschen, die deine Familie sein können, blutsverwandt mit dir sein müssen, hast du diese Ansicht zu deiner Realität gemacht und niemand, der nicht mit dir verwandt ist, kann deine Familie sein. Welches Märchen würdest du gerne kreieren? Was wäre, wenn du dir klarmachtest, dass du es wert bist, Menschen in deinem Leben zu haben, die dich mögen und dir beitragen? Worauf wartest du?

Bitte jetzt darum: „Universum, was ist möglich, um Menschen zu meinem Leben hinzuzufügen, die mein Leben erweitern, mich nähren, mich mögen, und wo wir gemeinsam Magie kreieren können?" Dann entspanne dich und lasse zu, dass es sich zeigt, wenn es sich zeigt und wie es sich zeigt. Erzwinge nichts. Verfalle nicht in Eile oder Stress. Nimm einfach die Energie dessen wahr, worum du bittest und erlaube dem Universum, für dich zu sorgen. Das Universum steht hinter dir. Lässt du das zu?

Wenn sich Situationen oder Menschen zeigen, die der Energie von dem entsprechen, worum du bittest, lass dich darauf ein. Warte nicht. Versuche nicht, es zu verstehen. In der Regel ergeben die Dinge, die unser Leben erweitern, keinen Sinn. Sie sind irrational. Normalerweise versuchen wir herauszufinden, wie etwas zu uns kommen sollte oder wird. Wir kalkulieren und berechnen, was begrenzt, was sich zeigen kann. Sei abenteuerlustig. Versuche nicht, das ‚wie' herauszufinden – wähle einfach und lasse dich überraschen.

Welche irrationalen Wahlen kannst du heute treffen, die dein Leben sofort erweitern?

FÜNFZEHN

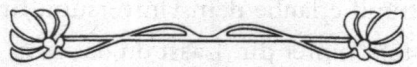

Familienmitglied oder Weltbürger

Familienmitglieder sind die Menschen, mit denen wir aufgewachsen sind und die wir häufig als Referenzpunkt benutzen, um zu definieren, wer wir sind und wer wir nicht sind. Diese Definitionen sind nicht realer, als du sie machst. Sie sind nur interessante Ansichten. Du bist so viel mehr als deine Familie.

Wer wärst du gerne in der Welt? Was bringst du in die Welt, das sonst niemand in die Welt bringt?

Viele denken, dass sie jemanden brauchen, zu dem sie gehören, um nicht alleine zu sein. Du bist nicht allein! Du musst nicht an Menschen festhalten, die dein Leben nicht erweitern, um sicherzustellen, dass du nicht alleine bist. Wie sehr gibst du vor, allein zu sein, durch die Ansichten, die du kreierst? Alleinsein ist eine Ansicht und nur real, wenn du sie real machst.

**Wie viele Ansichten verwendest du, um das
Alleinsein zu kreieren, das du wählst?**

**Alles, was das ist, zerstörst und
unkreierst du das alles? Danke.**

**Right and wrong, good and bad, pod and
poc, all 9, shorts, boys and beyonds.®**

Einsamkeit basiert auf Ausschluss, anstatt alles zu empfangen. Familien basieren häufig auf Ausschluss. Dasselbe gilt für Beziehungen. Viele Menschen kreieren eine Beziehung und schließen andere aus. Doch du kannst eine Familie und eine Beziehung haben und die ganze Welt einbeziehen.

Deine Familie sind die Menschen, die dir gezeigt haben, was gut ist und was schlecht, was richtig und was falsch. Nun, wo du kein Kind mehr bist, ist es an der Zeit, dich zu fragen, was *du* weißt? Was ist deine Sicht auf die Welt? Was würdest du gerne kreieren? Was wäre, wenn du die Ansichten deiner Familie loslässt und herausfindest, was für dich wahr ist? Du bist einzigartig. Was du bist, ist ein Geschenk für unsere Welt. Du bist ein Geschenk für uns alle.

Bist du ein Familienmitglied oder ein Weltbürger?

Familie und Freundschaft basieren auf den Bewertungen, die die Leute teilen. Was wäre, wenn du weder irgendwelchen Ansichten deiner Familie zustimmen und dich nach ihnen ausrichten noch in Widerstand zu ihnen gehen und auf sie reagieren müsstest? Was wäre, wenn du noch nicht einmal eine Ansicht haben musst? Was wäre, wenn alles, was es braucht, um das Leben zu haben, das du dir wünschst, ist, dass du anerkennst, wie anders du bist?

Wie anders bist du, was du jetzt anerkennen kannst? Welches Geschenk ist deine Andersartigkeit für unsere Welt? Was betrachtest du als Möglichkeiten, die andere nicht sehen? Welche Ressource ist diese deine Andersartigkeit? Beginne damit, dich anzuerkennen, anstatt dich zu bewerten. Deine Welt erweitert sich, wenn du aufhörst zu bewerten.

Wenn du ein Weltbürger bist, wird deine Perspektive größer.

Du machst dir keine Gedanken darüber, ob du hineinpasst oder gemocht wirst. Diese Sorgen halten dein Leben begrenzt und dich davon ab, alles zu sein, was du bist. Als Weltbürger kreierst du ausgehend von dem, was du weißt. Wenn jemand dich deswegen nicht mag oder irgendwie reagiert, ist das nicht relevant für dich. Dur kreierst das, was der Welt beiträgt und der Zukunft, die du gerne auf diesem Planeten sehen würdest. Die ganze Welt wird zu deiner Familie.

Würdest du gerne deine Perspektive erweitern, sodass die ganze Welt deine Familie ist? Probiere es jetzt gleich aus. Dehne dich aus und nimm die ganze Welt zur gleichen Zeit wahr. Dein Verstand kann dir dabei nicht helfen; er ist zu begrenzt für diese Übung. Entschuldige, lieber Verstand! Dehne dich aus und nimm die ganze Welt auf einmal wahr.

Nun nimm nur deine Familie wahr. Merkst du den Unterschied in der Energie? Nun tu es wieder. Nimm deine Familie wahr. Wie geht es deinem Körper? Wie ist die Energie? Jetzt dehne dich aus und nimm die ganze Welt auf einmal wahr. Ist das anders? Inwiefern ist das anders? Was gibt dir mehr Raum für dich?

Nun erlaube dir, die ganze Welt zu sein. Um mehr zu empfangen, musst du bereit sein, mehr zu sein. Wenn du die Welt bist, kannst du die Welt empfangen. Wenn du nur deine Familie bist, erscheint es ein Problem zu sein, wenn eine Person dich nicht mag. Wenn du die Welt bist und eine Person dich nicht mag, ist das nicht mehr wichtig. Was wäre, wenn du dir heute so viel Freiheit zugestehst?

Du hast dich selbst bisher so sehr begrenzt, um dazuzugehören und Teil einer Gruppe zu sein, weil du dachtest, das sei erforderlich. Das ist es nicht! Es ist eine Wahl und keine Notwendigkeit. Wenn du weniger bist, als du wirklich bist, bringt das niemandem etwas. Wenn jemandem nicht gefällt, wenn du großartig bist, warum solltest du ihn als Familie oder Freund betrachten? Sei großartig und wenn die Leute dadurch inspiriert werden, wunderbar. Wenn nicht, auch wunderbar. Erwarte nicht von anderen, dass sie dich verstehen.

Das können sie nicht. Du bist nicht begreifbar. Du bist anders und undefinierbar und passt in keine Schublade und bist Teil unserer Welt. Du bereicherst die Symphonie der Welt.

Versuche nicht, dich selbst zu verstehen. Warte nicht darauf, dass irgendjemand anders dich versteht. Sei einfach du.

Die Familie ist eine Struktur ohne Veränderung. Du bist der Wind der Veränderung, der diese Welt großartig macht. Sei dankbar für dich.

Die Struktur der Familie ist nur eine interessante Ansicht. Die Menschen haben ihre Rolle und ihre Definitionen und wünschen sich keinerlei Veränderung. Ebenso haben Unternehmen definierte Strukturen, die bei ihrer Gründung eingerichtet wurden, und häufig werden sie nicht infrage gestellt oder verändert. Und doch verändert sich die Welt sich. Wenn ein Business überleben möchte, muss es seine Funktionsweise anpassen, um zu wachsen. Mit einer definierten Struktur ist das nicht möglich.

Mit Systemen hingegen ist das möglich. Systeme sind offen für Veränderung. Unternehmen und Familien sind in der Regel Strukturen, aber sie könnten Systeme sein, die Veränderung zulassen.

Wenn du dir gewünscht hast, einen frischen Wind in deine Familie oder dein Business zu bringen, und das nicht begrüßt wird, frage: „Habe ich es hier mit einer Struktur zu tun?" Wenn du ein Ja bekommst, weißt du, was das ist, und du könntest fragen: „Gibt es irgendetwas, das ich verändern könnte?" Wenn nicht, gehe weiter und verwende deine Energie nicht auf Leute, die keine Veränderung wünschen. Wenn ja, frage: „Was kann ich verändern?" Du wirst es wissen. Du wirst eine Idee haben. Probiere es aus und schau, wo es hinführt. Wenn es funktioniert, großartig. Wenn nicht, frage, was sonst noch möglich ist. „Was ist erforderlich, um dies zu ändern?" Nur, weil du es mit einer Struktur zu tun hast, bedeutet das nicht, das du ihr unterliegst. Sei dir dessen einfach bewusst und genieße ihre Starre. Ja, du hast richtig gehört! Genieße sie. Wenn du die Verrücktheit dieser Welt genießt, bist du ihr nicht ausgeliefert.

Wie viele Lügen hast du darüber abgekauft, keine Veränderung zu mögen? Ist das wirklich wahr? Oder bist du einer der größten Abenteurer auf unserem Planeten?

Ist es nun an der Zeit, den Alptraum aufzugeben, den du deine Realität nennst, und damit zu beginnen, ein Leben zu erschaffen, das großartiger ist als ein Märchen?

Was hast du so lebensnotwendig daran gemacht, ein Märchenleben zu haben, was dich weiter den Alptraum besitzen lässt, den du deine Realität nennst?

Alles, was das ist, zerstörst und unkreierst du das alles? Danke.

Right and wrong, good and bad, pod and poc, all 9, shorts, boys and beyonds.®

Was hast du so lebensnotwendig daran gemacht, ein Märchenleben zu haben, was dich davon abhält, ein Leben zu kreieren, das großartiger ist als ein Märchen?

Alles, was das ist, zerstörst und unkreierst du das alles? Danke.

Right and wrong, good and bad, pod and poc, all 9, shorts, boys and beyonds.®

Danke, dass du jetzt auf diesem Planeten bist. Du bist das Geschenk, das dieser Planet braucht.

Ich weiß, dass du wahrscheinlich nicht so von dir denkst, da du dich schon so lange bewertest. Wenn du aber durch die Augen unseres Planeten schaust, wirst du wissen, dass du hier gebraucht wirst, genau jetzt, mit allem, was du bist. In deiner Familie waren vielleicht nicht die Leute, die dich für deine Großartigkeit anerkannt haben, aber du brauchst nie wieder jemanden, um dich zu sehen oder wertzuschätzen.

Du bist hier und das Geschenk, das du bist, kommt nicht von irgendeinem Erfolg, den du mit Geld oder Ruhm erreichst, sondern einfach daher, dass du du bist – dem Wunsch dich zu verändern, vorwärtszugehen, egal, was ist, deiner Freundlichkeit, deiner Fürsorge, den Fragen, die du stellst, wenn die Dinge sich nicht so zeigen, wie du es dir wünschst, der Freude, die du bist, die die Leute dazu bringt, sich zu fragen, ob du verrückt bist.

Danke für dich. Die Familie, die wir unseren Planeten nennen, dankt dir auch und hält dich sanft und lässt dich wissen, dass du nicht alleine bist. Er steht hinter dir. Wir stehen hinter dir. Gehe weiter voran. Vertraue darauf, dass du weißt, und lasse zu, dass sich alles großartiger zeigt, als du dir je vorstellen kannst. Märchen sind nur Geschichten. Dein Leben ist, was du jeden Tag kreierst. Mit deiner Wahl wirst du viel großartiger, als jedes Märchen je sein könnte.

SUSANNA MITTERMAIER, geboren in Wien, ist Psychologin, die ihre Ausbildung an der Universität von Lund, Schweden, gemacht hat und an der Universitätsklinik in der psychiatrischen Abteilung mit Psychotherapie und neuropsychologischen Tests gearbeitet hat. Sie ist die Begründerin der Pragmatischen Psychologie und Autorin des internationalen Bestsellers „*Pragmatische Psychologie – Dein Anderssein – Deine Verrücktheit – Dein Glück!*". Als äußerst angesehene Rednerin und Keynote-Sprecherin wurde Susanna im Fernsehen, Radio als auch in Zeitschriften wie *Forbes*, *TV Soap*, *Psychology Today*, *Women's Weekly*, *Ooom*, *Wienerin*, *Empowerment Channel Voice America*, *Om Times*, *Motherpedia*, *Newstalk New Zealand*, *Holistic Bliss* und vielen mehr vorgestellt. Susanna bietet ein neues Paradigma der Psychologie namens Pragmatische Psychologie an und ist bekannt für ihre Fähigkeit, die Probleme und Schwierigkeiten der Menschen in Möglichkeiten und kraftvolle Wahlen umzuwandeln. Heutzutage reist Susanna um die Welt, um die Menschen durch Vorträgen, Workshops und Einzelsitzungen zu ermächtigen.

www.susannamittermaier.com